北陸に学ぶ
マーケティング

新潟経営大学
伊部泰弘　編著

五絃舎

はしがき

"弁当忘れても傘忘れるな"

　これは、金沢を始めとする北陸地方の格言ともいえる言葉である。北陸地方は、春から夏にかけては晴天の日が多いが、秋から冬にかけてはどんよりとした曇りの日か雨や雪の日が多く、特に冬は豪雪の地域もあり、1年を通じて天気が変わりやすい地域性をもつ。また、北陸地方は、主として福井・石川・富山を北陸3県としている。だが、新潟を含めた4県を北陸として表す場合がある。本書では、新潟を含めて「北陸」と捉えたい。

　その理由は、福井・石川・富山・新潟は、いにしえより「越国(こしのくに)」の名で繋がりのある地域であり、この4つの県の気候、風土や米、酒、伝統産業の形成などに共通点が多数みられるためである。また、その他にも個人的なことではあるが、編者は、福井県敦賀市（越前）出身であり、現在の本務校及び居住地は、新潟県加茂市（越後）であるため、「越国」が取り持つご縁を強く感じており、本書の企画にも深く繋がっているためでもある。

　さらに、最近では、2015年3月に北陸新幹線が長野から金沢まで延伸し、新潟を含む北陸地方の注目度が以前にも増して高まってきている。金沢を中心に、北陸新幹線開業による経済効果など、連日メディアで報道されており、地方創生のヒントが詰まった地域として取り上げられている。

　そこで、本書においては、注目度合いの増す「北陸」の地域企業を題材とし、マーケティング・ミックス（製品・価格・チャネル・コミュニケーション）の視点からマーケティング基礎理論と実践を学生や社会人に理解してもらうことを狙いとする。

また，本書は，成田景堯編著『京都に学ぶマーケティング』（五絃舎，2014年）の「シリーズ第2弾」という位置づけのテキストとしたい。

　本書作成にあたり，出版趣旨にご賛同いただきご協力いただいた北陸地方の企業の方々や執筆者の先生方に，心より感謝申し上げる。

　また，執筆者の個性をできるだけ尊重させていただいたため，各章の執筆テーマや文書表現など統一性に欠けている箇所もある。そのため，読みづらさや不備などは編者の責任に帰すところであり，今後の検討課題としたい。

　最後に，本書の出版を快く引き受けていただき，ご支援いただいた五絃舎の長谷雅春社長，ならびに本書の企画と編集に多大なご協力をいただいた追手門学院大学松井温文先生，鈴鹿大学今光俊介先生，奈良学園大学水野清文先生に心より感謝申し上げる。

2017年2月

　　　　　　　　　　　　　　　　　　　　　　　　　新潟経営大学

　　　　　　　　　　　　　　　　　　　　　　　　　　　伊部　泰弘

執筆分担

薮下保弘（やぶした やすひろ）………………………… 序章
秦　小紅（しん　しょうこう）…………………………… 第1章
成田景堯（なりた ひろあき）……………………………… 第2章
松井温文（まつい あつふみ）……………………………… 第3章
伊部泰弘（いべ やすひろ）………………………… 第4章・終章
今光俊介（いまみつ しゅんすけ）………………………… 第5章
魏　鐘振（うぃ じょんじん）……………………………… 第6章
奥澤英亮（おくざわ ひであき）…………………………… 第7章
中嶋嘉孝（なかしま よしたか）…………………………… 第8章
岡田一範（おかだ かずのり）……………………………… 第9章
水野清文（みずの きよふみ）……………………………… 第10章
清水　真（しみず まこと）………………………………… 第11章

目　次

はしがき

序　章　北陸の産業・観光 ———————————— 13
第1節　北陸新幹線金沢開業 ———————————— 13
第2節　上越新幹線と新潟県の観光・産業 ———————— 20
第3節　課題と展望 ———————————————— 22

第1章　製品戦略 ———————————————— 25
第1節　製品の概念 ———————————————— 25
第2節　製品戦略 ————————————————— 26
第3節　製品のライフサイクル ——————————— 29
第4節　製品計画 ————————————————— 31

第2章　製品戦略 ———————————————— 37
　　　　——北陸アルミニウムとパール金属の事例から——
第1節　台所・食卓用品産業の特徴 ————————— 37
第2節　北陸アルミニウムの製品戦略 ————————— 39
第3節　パール金属の製品戦略 ———————————— 43
第4節　消費者志向の問題点 ————————————— 45

第3章　ブランド戦略 ——————————————— 49
第1節　老舗ブランドとマーケティング的ブランド ———— 49
第2節　ブランドの役割 —————————————— 51
第3節　ブランド・エクイティとブランディング ————— 53
第4節　地域ブランドと地域ブランディング ——————— 57

第4章　ブランド戦略 ——————————————————— 59
―― 刃物企業（燕三条地域）の事例から ――
第1節　地域の活性化と地域企業との関わり ——————— 59
第2節　地域企業が活躍するものづくりの街
　　　　「燕三条」地域の概要 ——————————————— 60
第3節　「燕三条」における刃物企業2社の
　　　　ブランディング事例 ——————————————— 62
第4節　地域企業が地域で生き残るためのブランディング —— 67

第5章　価格戦略 ————————————————————— 69
第1節　価格の概念 ———————————————————— 69
第2節　価格設定の要因と目標 ——————————————— 70
第3節　価格設定の方式 —————————————————— 71
第4節　新製品の価格設定 ————————————————— 75
第5節　価格管理 ————————————————————— 76

第6章　価格戦略 ————————————————————— 81
―― 水産物企業の事例から ――
第1節　水産物流通と価格形成 ——————————————— 81
第2節　水産物の価格戦略 ————————————————— 84
第3節　水産業の価格戦略の事例 —————————————— 86

第7章　チャネル戦略 ——————————————————— 89
第1節　チャネルの概念 —————————————————— 89
第2節　チャネル戦略の策定と展開 ————————————— 92
第3節　商業者のチャネル戦略 ——————————————— 96

第8章　チャネル戦略 ──────────── 101
　　　　　──プラントの事例から──
　　第1節　スーパーセンターの業態とは ──────── 101
　　第2節　さまざまな角度からみるプラントの戦略 ──── 104

第9章　コミュニケーション戦略 ──────── 111
　　第1節　コミュニケーションの概念 ─────── 111
　　第2節　広　　告 ───────────────── 113
　　第3節　人的販売 ───────────────── 116
　　第4節　狭義の販売促進 ──────────── 118

第10章　コミュニケーション戦略 ─────── 121
　　　　　──芝政観光開発の事例から──
　　第1節　芝政観光開発株式会社の沿革と事業展開 ─── 121
　　第2節　広　　告 ───────────────── 123
　　第3節　サービス活動 ─────────────── 126
　　第4節　狭義の販売促進 ──────────── 128
　　第5節　まとめ ────────────────── 129

第11章　リサイクル戦略 ──────────── 133
　　第1節　環境マーケティング ──────────── 133
　　第2節　IOTCの概要 ─────────────── 134
　　第3節　IOTCの製品 ─────────────── 137
　　第4節　社会貢献と社会的評価 ─────────── 141
　　第5節　まとめ ────────────────── 143

終　章　北陸に学ぶマーケティング ──────── 145

北陸に学ぶマーケティング

序章　北陸の産業・観光

第1節　北陸新幹線金沢開業

1. 活気づく北陸3県（福井・石川・富山）

　2015年3月14日，長野新幹線が金沢まで延伸され，装いも新たに「北陸新幹線（長野経由）」として運転営業が開始された。北陸の県民にとっては半世紀間待ちわびた，交通インフラの歴史的整備である[1]。

　北陸新幹線は，東京を起点として高崎から長野，上越，富山，高岡，金沢，小松，福井，敦賀などを結び関西圏に至る整備新幹線構想の路線である。整備構想全体のメルクマールではあるものの，東京と金沢を所要時間約2時間半（最速タイプ）で結ぶ新幹線の延伸開業を，北陸のにぎわいはもとより，リーマンショック以降の停滞した国内経済を活気づける要因として疑う余地はなかろう。

　当初は「北回り新幹線」として計画された北陸新幹線であるが，構想から開業に至るまでの道のりは決して順風満帆ではなかった。地元で建設の機運が高まる一方で，オイルショックによる建設費の高騰や旧国鉄（現JR）の赤字問題，国家財政の逼迫に加え，沿線の人口の寡少を理由にその有用性と採算性に疑問が付されるなど[2]，建設凍結の危機に瀕しながらも紆余曲折の歴史を経た末の大願成就である。JR西日本のニュースリリースによると，開業から1年後の利用者数は925.8万人で，旧在来線特急「はくたか・北越」（直江津 - 糸魚

---

1) 長野新幹線は，冬季オリンピック長野大会を契機として1997年10月に高崎と長野間が営業運転されており，およそ20年の時を経て金沢開業に至った。
2) 米川誠「北陸新幹線の開業による地域経済活性化と課題」『重点テーマ レポート』大和総研，2015年，2頁。

川間)の利用実績との比較で対前年度比 295% と開業効果の好調ぶりが伝えられている[3]。

また,北陸新幹線金沢開業の波及効果は停車駅近郊の観光客増にとどまらない。例えば,石川県では新幹線沿線よりほど遠い能登半島や金沢以西の動態にも効果があらわれている。加えて,ものづくりなど観光とは直接に関連のない産業にも波及が認められるなど,今後の地域経済の好循環が期待される[4]。関連して,企業進出や本社機能移転,各自治体の移住・定住施策などの取組みが加速化することで交流人口が増加し,地域経済活性化につながる地方創生のモデルケースとして期待される[5]。

以下に,官公庁,関連機関の報告および報道資料から北陸新幹線開業効果について概観しよう。

2. 旅行客の変化と波及効果

石川県の新幹線開業後の状況把握調査によれば[6],新幹線乗車実績が好調の一方で,空の路線に影響がでているようである。「のと里山空港」の羽田便旅客数は,連続テレビ小説「まれ」の放送もあり前年度を上回ったものの,「小松空港」の羽田便旅客数は前年比約3割減と伝えられている。また,新幹線開業により東北から金沢までが約3時間半に短縮されたため,東北からの旅行者が大きく増加し,大手旅行会社での販売(予約)状況は,東北発-金沢宿泊の旅行商品(4-9月)で前年比の 2.7 倍と好調のようだ。さらに,ゴールデンウィーク中に実施した調査によれば,昨年秋の行楽期と比べ,観光客のまち歩きを楽しむ割合が「近江町市場」で 2.4 倍,「東山」で 5.3 倍,「香林坊」で

---

3) JR 西日本ニュースリリース (2016年3月17日付), https://www.westjr.co.jp/press/article/2016/03/page_8503.html (2016年11月12日アクセス)。
4) 北陸財務局 a『北陸新幹線金沢・富山開業の北陸経済への波及効果と課題について〜北陸地域経済の新たな幕開け〜』2015 年,1 頁。
5) 同上,2 頁。
6) 石川県企画振興部企画課『新幹線開業後の状況把握調査の結果』2015 年,https://www.pref.ishikawa.lg.jp/kikaku/keikaku/documents/06shinkansen.pdf (2016年11月13日アクセス)。

1.4倍に伸びるなど，新たな動きの兆しがあると報告されている[7]。

表序-1に示す主要観光スポット・施設ならびに北陸財務局富山財務事務所の調べによると，2015年4月から2016年3月の北陸3県を代表する観光地入込客数は，「輪島朝市」79.1万人（21.6％増），「兼六園（金沢市）」308.9万人（51.6％増）と報告されている[8]。さらに，北陸財務局のヒヤリング調査によれば，観光・消費への波及として，能登地域では，「関東方面からの宿泊客が前年比約2倍に増加しているほか，関西方面からも約2割増加している（温泉地）」，輪島朝市には「県内外から観光客が増加。4月の定期観光バスの利用者は前年比約3倍となる」，加賀地域では「週末はほぼ満室。予約の入りも早く，11月頃まで週末の予約は取りにくくなっている。（温泉旅館）」，「3月の入込客数は前年比約5％増加。個人，団体ともに，平日の増加が目立つ。すでに10月まで予約が入っている。（観光地）」との声がある[9]。同じく，新幹線開業特需の恩恵が大きいと考えられる金沢では，「4月，5月の宿泊客は前年比20％増加。学会需要，法人需要が増加している。（ホテル）」，「兼六園の入込客数は開業以降順調に増加。3月単月では，前年比約1.6倍（7.4万人増）となる20

表序-1 石川県主要施設入込状況

	入込状況	集計期間
金沢城公園	約140万人（前年比約1.8倍） 約3.2万人（前年比約1.5倍）	3／14〜9／13 お盆期間（8／14〜9／13）
兼六園	約171万人（前年比約1.5倍） 約5.5万人（前年比約1.4倍）	3／14〜9／13 お盆期間（8／14〜9／13）
輪島朝市	約27.0万人（前年比約1.5倍） 約51.4万人（前年比約1.4倍）	4月〜7月 お盆期間（8／14〜9／13）
金沢市内の主要ホテル	約24.3万人（前年比約1.2倍）	4月〜7月
加賀四温泉	約57.1万人（前年比約1.2倍）	4月〜7月
和倉温泉	約28.5万人（前年比約1.3倍）	4月〜7月

出所）石川県企画振興部企画課，前掲資料，1頁。

---

[7] 同上，1頁。
[8] 北陸財務局b『北陸管内の経済情報（平成28年度第1回全国財務局長会議資料）』2016年，13頁。
[9] 北陸財務局a，前掲資料，2頁。

万人が来訪。開業後初となる大型連休中の5月3日には，金沢城公園で，大型連休中としては過去最多の入込客となるなど賑わった。（観光地）」，「開業後2度目の週末は観光客を中心に客足が伸び，土産物等の売行きが良かったほか，飲食店も大勢の客で賑わった。（大型小売店）」，「観光地周辺店舗の売上高は前年比10～20%増加。（コンビニ）」，「開業後2度目の週末も多くの利用者で，ここ十数年みられなかった賑わい。4月に入っても好調で，平日の利用者も多く，回転率も上昇している。（タクシー）」，「関東，長野方面の貸切バスの予約が増加しており，売上げは前年比10～20%増加している。（陸運）」，「開業以降，業況は好調。一部の店舗では5月は月間最高売上げを記録するなど，大盛況となっているほか，観光客の増加で客単価も上昇している。（飲食店）」と報告されている[10]。

富山県内においては，「瑞龍寺（高岡市）」25.6万人（65.8%増），「黒部峡谷」79.9万人（18.6%増）と報告されており[11]，「新高岡」を最寄駅とする「瑞龍寺」と世界遺産「五箇山」，同じく「黒部宇奈月温泉」を最寄駅とする「黒部峡谷」「宇奈月温泉」の増加が顕著である。両駅は速達タイプ「かがやき」の未停車駅であるが，各駅停車タイプの「はくたか」が1日14往復運行しており，東京から片道2時間前後でアクセスできる利便性と，金沢―富山間を1日18往復するシャトルタイプ「つるぎ」の運行が停車タイプの不利条件を補完しているとも考えられる。また，富山県内の宿泊者数が，新幹線開業後の延べ宿泊数（2015年4月～12月）を前年同期間と比較したところ，前年同期間の280.6万人から328.3万人（前年同期間比117%）と伸び率全国4位になったと報告されている[12]。

さらに北陸財務局のヒヤリング調査から，「開業後は週末を中心に，昨年より満室となっている日が多く，手応えを感じている。（ホテル）」，「関東方面に加え，北陸が全国的に注目されており，関西方面からの宿泊客も増加している。（温泉

---

10) 北陸財務局a，前掲資料，2頁。
11) 北陸財務局b，前掲資料，13頁。
12) 富山県観光・地域振興局観光課『富山県観光客入込数（推計）』2015年，5頁。

地）」，「大型連休中の入込みは前年比2割近く増加。長野県からの団体ツアーバスが目立って増加している。（観光施設）」との声が報告されている[13]。

　また，新幹線の金沢から敦賀への延伸が3年前倒しとなり，2022年度に開業を待つ福井県においても北陸新幹線の効果がすでにあらわれているようである。「一乗谷朝倉氏遺跡（福井市）」107.0万人(45.0%増)，「福井県立恐竜博物館（勝山市）」93.1万人（31.4%増）の入込客数が報告されている[14]。特に注目したい点は，未だ新幹線が延伸されていない福井県への関東地区からの入込数である。訪福者数は31.9万人（実人数）と全体の構成比としては7.9％と小さいものの，対前年度比では39.2%増で1989年以降最高を更新している。福井県では，北陸新幹線の開業により北陸地方の注目度が向上し，上野駅や大宮駅などの首都圏において，「恐竜王国　福井」の集中的なプロモーションを継続して実施したことなどによるものと説明している[15]。さらに，北陸財務局のヒヤリング調査によれば，「問い合わせが増加。金沢で宿が確保できなかった団体等の予約が増えている。（ホテル）」，「全体の1割程度であった関東方面からの宿泊客が2割程度まで増加している。（温泉旅館）」，「個人，団体とも増加。3月以降，観光バスの増加が顕著であり，1～3月は前年比140台増。（観光地）」，「3月以降，北陸方面は爆発的に伸びており，今後も増加する見通し。（旅行社）」，「恐竜博物館では，石川県ナンバーのレンタカーが増加。大型連休中は，過去最多の入込みとなるなど，新幹線開業の効果を実感している。」として[16]，新幹線開業効果がたしかに実感されているようである。関東圏からの誘客の伸び代は十分にあり，2022年度の敦賀延伸に向けて更なる期待が高まる。

3.　県外資本流入

　北陸地区元来の強みは，ものづくりの集積，低い災害リスクおよび，水，電力などの資源を豊富に有する点があげられる。この強みに「新幹線開業による

---
13)　北陸財務局a，前掲資料，2頁。
14)　北陸財務局b，前掲資料，13頁。
15)　福井県観光営業部観光振興課『福井県観光客入込数（推計）』2015年，1頁。
16)　北陸財務局a，前掲資料，2頁。

首都圏へのアクセス向上」という要素に加えて，首都圏，中京圏，関西圏の中間地点に位置する立地条件も相俟って企業進出が加速しやすい土壌が生まれる。当然に，観光による消費拡大のみならず，将来の成長を見据えた県外資本の流入が期待される。

表序-2 は，本社機能を地方に移転・拡充した際に「地方拠点強化税制」により税制優遇措置等が与えられた認定先リストである。表中の「類型」のうち「移転型」は，災害時のリスク分散などを理由に，本社機能を一部移転するものである。かたや，「拡充型」は県内・産地観光のハブ拠点も目指し，産業観光対応を軸とした本社機能を移転・拡充するタイプである。概して，研究・開発および企画部門といったバリューチェーンの上流工程の拠点を北陸にシフトする動きが特徴的である。なお，2014年度末までに本社管理部門等の一部を富山県の黒部工場に移転し，約230人が異動するYKKAP（本社：東京）と日本カーバイト工業およびダイトは同税制優遇適用第1号となる[17]。さらに，同税制優遇措置の利用にとどまらず，本社機能の（一部）移転，研究開発機能の移転

表序-2　地方拠点強化税制認定先

認定年月	県	企業名	類型	概要
H27.10	富山	YKK AP ㈱	移転型	本社機能一部移転
	富山	YKK AP ㈱	拡充型	研究開発拠点「R&Dセンター」の建設
	富山	日本カーバイド工業㈱	拡充型	新研究開発センターの建設
	富山	ダイト㈱	拡充型	「医薬品工業化プロセス研究棟」の建設
	福井	日本電産テクノモーター㈱	拡充型	研究所の整備
H27.11	石川	㈱JOLED	拡充型	研究拠点の建設
	石川	日機装技研㈱	拡充型	研究開発部門の移転
	石川	㈱アクトリー	拡充型	研究開発拠点の増設
H27.12	富山	富山化学工業㈱	拡充型	研究開発施設の整備
	富山	日立国際電気㈱	拡充型	研究開発エリアの拡張
H28.1	石川	㈱白山製作所	移転型	経営企画部，経理部，研究開発部門の移転
	富山	㈱能作	拡充型	本社機能（調査・企画等）の拡充
H28.2	福井	日華化学㈱	拡充型	研究所の整備
	福井	日本マイヤー㈱	拡充型	研究所の整備
	富山	㈱ピーエーワークス	拡充型	本社機能（管理業務，企画部門）の拡充

出所）北陸財務局 b，15 頁。

17）北日本新聞，2015 年 10 月 3 日付。

および新規進出を実施する企業の動きもみられ,「小松製作所（本社：東京都,東証一部上場)」は,2011年に石川県小松市に総合研修施設を整備し本社教育機能を移転する[18]。

加えて,新たに北陸圏内に生産拠点を置く動きとして,化学分野では「ユースキン製薬（本社：神奈川県)」が,2015年7月に富山県富山市の新工場（約18億円)で生産・出荷をスタートし,2016年3月には全面的に移転する。医療機器・航空機部品メーカーの「日機装（本社：東京都,東証一部上場)」が2014年6月に約22億円を投じて石川県白山市に新工場を建設し,2015年3月までに静岡県の生産機能の大半を金沢製作所に移転する。液晶技術では日本のナショナル・フラッグ「ジャパンディスプレイ（本社：東京都,東証一部上場)」が,投資規模約1,700億円で石川県白山市にてスマートフォン向け液晶パネル用の新工場を建設し,2016年5月に製造棟が完成している。このほか,「日本ガイシ（本社：愛知県,東証一部上場)」が石川県能美市に新工場を建設（約83億円）し,2017年4月稼働予定で新工場従業員約100人のうち石川県内から80人を雇用予定,ブナシメジ栽培の「ミスズライフ（本社：長野県)」が石川県穴水町に新工場を建設（約10億円）し,2014年8月に完成し約20人を地元雇用,自動車保険ロードサービスや海外旅行保険の事故受付などのBPOサービス「プレステージ・インターナショナル（本社：東京都,東証一部上場)」がコールセンターを富山県射水市に新設して2015年4月に操業を開始し,5年で約1,500人体制とする計画で約30億円を投じる[19]。

このほか,「三井アウトレットパーク（本社：東京都,東証一部上場)」が富山県小矢部市に北陸エリア初進出として,約160店のテナントで2015年7月にオープンし雇用創出は2,000人規模に達するほか,「コストコ（日本法人本社：神奈川県)」が石川県野々市市に2015年8月にオープンし地元雇用を300～400人見込んでいる[20]。このように,北陸出自の企業のみならず,当地に

---

18) 北陸財務局a,前掲資料,5頁。
19) 同上,5頁。
20) 同上,5頁。

縁のない企業の参入がみられるなど，総じてその規模は小さくない。

第2節　上越新幹線と新潟県の観光・産業

1. 利用形態の特性

　図序-1は，北陸新幹線開業前の2013年「上越新幹線駅の1日当たり利用者数」の定期利用（右側）と定期外利用（左側）を駅ごとに積み上げ棒グラフで示したものである[21]。同図から，定期利用の割合が高崎（42.0%），本庄早稲田（57.5%），熊谷（45.8%）と東京 – 高崎間の利用者のうちおよそ半数が新幹線を定期利用している特徴がみてとれる。

　この数値だけで断定はできないものの，観光利用よりもビジネス目的に新幹線を利用しているものと予想できる。また，東京から高崎までの累積利用者数20,224人は，終着の新潟までの累積44,160人の45.8%を占めており，2013年時点の上越新幹線は高崎までの利用率が約半数を占め，このうちさらに半数がビジネス目的で利用されているものと考えられる。

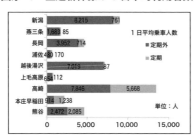

図序-1　上越新幹線の1日平均利用者数

出所）JR東日本新幹線駅別乗車人員（2013年），https://www.jreast.co.jp/passenger/2013_shinkansen.html（2016年11月13日アクセス）より筆者作成。

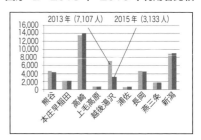

図序-2　2013年-2015年利用者比較

出所）図序-1の資料およびJR東日本新幹線駅別乗車人員（2015年），https://www.jreast.co.jp/ passenger/2015_shinkansen.html（2016年11月13日アクセス）より筆者作成。

---

21) JR東日本新幹線駅別乗車人員（2013年），https://www.jreast.co.jp/passenger/2013_shinkansen.html（2016年11月13日アクセス）

また，図序-2は，2013年と北陸新幹線開業年である2015年の上越新幹線駅の利用者数比較である。最も顕著な特徴は，越後湯沢の利用者数が2013年（7,107人）と2015年（3,133人）で約44％に激減しているが，その他の駅の利用者数にほとんど変化がみられない点である。改めるまでもなく，この要因は北陸新幹線開業にあることは想像に難くない。

　北陸新幹線開業以前に北陸方面に向かう際は，越後湯沢まで上越新幹線を利用し，同駅に接続する「ほくほく線（北越急行）」から，直江津を経由してJR北陸本線で金沢までをつなぐ特急「はくたか」に乗り換える手段が最短路（時間）であった。このため，北陸新幹線開業後は，北陸方面に用向きがある際に上越新幹線を利用する必然性はなくなる。

　よって，越後湯沢駅の利用者の減少数は北陸新幹線に流れた利用者数を示すことになる。単純計算で，2013年と2015年の越後湯沢利用者の差3,974人を365日換算すると約145万人の足が北陸新幹線に流れることになる。なお，北越急行から特急「はくたか」の廃止を告げるニュースリリース（2014年8月27日付）によれば，1日あたり平均で6,900人の利用者数を提示しており，年間換算で約250万人が北陸新幹線に流れることになる。乗り換え目的であるため直接の消費に結びつくわけではないが，利用者数の減少分が新潟県側にとって負の経済波及効果になる。

2. 県土を走る2本の大動脈

　上越新幹線と北陸新幹線は高崎で合流し，さらに両新幹線は大宮で東北新幹線と合流する。つまり，大宮－東京間は3つの新幹線のシェアリング運行区間となり，毎日約300本の新幹線がこの区間を通過する。このため，当該共用区間にビンの首のような待ち行列が発生し，いわゆる「ボトルネック現象」が生じる結果，3つの新幹線が過密運行となり，総便数に限界が生じる問題が実態としてある。一般に合理的な判断にしたがえば，乗車率の悪い路線は減便という意思決定は自明の理である。

　さらに，県土を2本の新幹線が走る新潟県にとって沿線地区同士の減便回

避にかかる利用者獲得競争の末にカニバリゼーション（共食い）を招く事態が生じる。要するに，北陸新幹線の好調のしわ寄せで上越新幹線が減便されれば新潟，長岡，燕三条地区にとってよろしからぬ事態を招く一方で，上越新幹線が盛り返し北陸新幹線が減便になれば上越，糸魚川の地区が不便になるという自己ジレンマに陥るのである。いわゆる，「2014年問題」[22]が杞憂に終わるのか否かが大きな課題になろう。

また，北陸新幹線開業をきっかけに，新潟市，三条市，燕市や長岡市から上越・糸魚川地区のアクセスの利便性を削がれた形になっている点も看過できない。従来は，新潟－金沢間を信越本線・北陸本線で1日5往復する特急「北越」，新潟－上越地区を信越本線で3往復する快速「くびき野」と越後湯沢と金沢をほくほく線で13往復する特急「はくたか」の計21列車が新潟－上越地区を連絡していた。北陸新幹線開業後は，「北越」が新潟と上越を結ぶ特急「しらゆき」5往復に変わったものの，「はくたか」と「くびき野」は廃止され，優等列車に限れば，16往復が廃止されたことになる[23]。

こうした利便性の悪化は，上越・糸魚川が新幹線で30分足らずの富山や長野と新たな経済圏を形成する可能性も否定できない。県土が広いがゆえに，2本の大動脈が新潟県内の経済圏を分断するという根深い懸念が横たわっている。

第3節　課題と展望

表序-3から2015年の各県の入込客数を比較すると，新潟県が77,447千人と4県の中で群を抜いており，富山県34,126千人，石川県25,018千人および福井県12,709千人を足し合わせた71,853千人を凌駕している実態がうかがえる。

---

22) 上越新幹線活性化同盟会webサイト「2014年問題とは」
http://www.jouetsu-saa.jp/problem/problem.html（2016年11月13日アクセス）に詳しい。
23)「北陸新幹線開業で浮き彫りになる新潟の苦悩－連携構築しづらい「大きな1人っ子」－」『東洋経済ONLINE』http://toyokeizai.net/articles/-/87497（2016年11月13日アクセス）

表序-3 北陸4県の観光入込客数推移

(単位：千人)

	2011年	2012年	2013年	2014年	2015年
新潟県	66,671	70,862	71,602	72,987	77,447
富山県	25,955	27,587	29,416	29,036	34,126
石川県	20,985	21,055	21,632	21,611	25,018
福井県	9,800	9,774	10,344	11,318	12,709

出所）2012年から2015年『富山県観光客入込数(推計)』、2012年から2014年『統計からみた石川県の観光』、2015年『平成27年観光入込状況について（2016年4月21日委員会資料）』石川県観光戦略推進部観光企画課提供、2012年から2015年『福井県観光客入込数（推計）』、2012年から2015年『新潟県観光入込客統計』を参考に筆者作成。年度により各県の統計基準が一定ではない点に留意を要す。

　新潟県全体では，約446万人増の対前年度比106.1％と大きく伸びており，県では，この要因を北陸新幹線の開業イベントや沿線施設への入込増のほか，「大地の芸術祭」などの大規模なイベントへの入込などの影響によるものと分析している。同統計では，新潟県を5つのエリアに区分しており，下越地域では「水と土の芸術祭」などのイベントや都市型観光施設への入込が好調で前年度比105.3％，中越地域では7-8月に天候に恵まれ海水浴場の入込の増加などで前年比103.8％，上越地域では北陸新幹線開業の沿線施設イベントなどの入込が好調で前年度比110.0％，魚沼地域では「大地の芸術祭」などのイベント入込の影響から前年度比108.7％と好調の要因を分析している。ところが，佐渡地域だけは前年比95.9％とマイナスに落ち込んでおり，団体客の減少が影響しているものと報告されている[24]。このことは，昨今の訪日外国人旅行者の激増と観光の多様化に合わせた着地型観光コンテンツの開発が焦眉の課題であることの示唆として興味深い。

　北陸新幹線開業により新潟県の観光客が富山県や石川県へ移動するのではないかと懸念されていたが，数字でみる限りその兆候はみられない。しかし，2015年の入込客の増加要因である「水と土の芸術祭」と「大地の芸術祭」は

---

24) 新潟県観光局交流企画課『平成27年新潟県観光入込客統計』2016年，11・15・16・18・19頁。

図序-3　北陸4県の観光入込客増加率推移

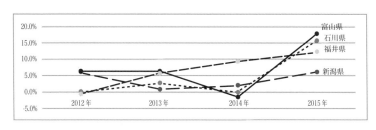

出所）表序-3より筆者作成。

3年ごとのイベントである。また，北陸新幹線開業と各イベントの同年開催が折よく観光客増を招いたとも考えられる。さらに，新潟の観光入込の旗頭である海水浴とスキー場は，入込客数が天候に左右されるという不安定要因を有する観光資源である。自然と食が魅力とされる新潟県にあって，今後はニューツーリズムの台頭に合わせて地域の特色を鮮明に打ち出した観光開発の岐路に立っていることは疑いなかろう。

最後に，図序-3で示す観光入込客数の増加率を拠りどころに観察すれば，富山県と石川県の伸び率は，2014年から北陸新幹線開業の2015年にほぼV字回復のグラフを描いている。この要因が，北陸新幹線の恩恵であることを改めるまでもなかろう。一方で，敦賀開業後の以西延伸計画が決定した状況にある福井県の伸び率が堅調に推移している点も見過ごせない。

また，いわゆる「ストロー現象」として大都市圏に資源が吸い取られる事態は今のところ回避されているようである。しかし，この急激な伸び率が未来永劫継続するとは考え難く，今後はこの反動を見据えるとともに、社会の環境変化に適応しうる戦略が必要になろう。

たしかに，新幹線が通ることで交通の利便性は格段に向上する。一方で，地方の主要都市と首都圏のアクセスが向上するにとどまり，地方の観光地間のアクセスがむしろ不便になるケースも散見される。「二次交通」の問題のみならず，地域住民の利便性の確保も残された大きな課題である。

第 1 章　製品戦略

第 1 節　製品の概念

　製品は製造業者が製造する製造物である。今日のような高度に発達した商品経済に基づく社会では，ほとんどの製品は最初から交換を目的とする商品として製造される。商品は，一方ではほかの商品と交換しなければならず，他方ではある特定の欲求を満たす有用性をもたなければならない。商品として製造される製品も商品と同じように交換価値と使用価値の 2 つ側面を有している[1]。

　一般に，製品はその使用目的によって生産財と消費財に大別される。生産財は生産的消費や業務用に利用されるものであり，消費財は最終消費者の個人的な満足に利用されるものである。通常，マーケティングにおける製品は消費財を前提としている[2]。

　消費財は消費者の購買習慣に基づいて，最寄品，買回品，専門品に分類することができる[3]。最寄品は購買頻度が高く，最小の努力で購買される製品のことである。例えば，菓子，歯磨き，雑誌のような日常で慣習的に購買される食料品，日用品がそれに該当する。買回品は，消費者が商品の選択と購入をする際に，適合性，品質，価格およびスタイルなどを比較する製品のことである。

---

1) 岩永忠康『マーケティング戦略論〔増補改訂版〕』五絃舎，2005 年，75 頁。
2) Kotler, P., & Armstrong G., *Principles of Marketing*, 14th ed., Pearson Prentice Hall, New Jersey, 2012, pp.226–228. 木綿良行・懸田豊・三村優美子『テキストブック　現代マーケティング論〔新版〕』有斐閣ブックス，1999 年，45 頁。
3) Copeland, M.T., *Principles of Merchandising*, McGraw-Hill Inc., New York, 1924, pp.13–14. 最寄品，買回品，専門品のほかに，顧客が認知していないもの，あるいは認知していても，通常，購買しようと思わない製品を「非探索品」に分類される（Kotler, P., & Armstrong G., *op.cit.*, p.227.）。

例えば,家具,衣料品,電気製品などである。専門品は,固有の特性あるいはブランド識別性をもち,消費者が比較購買をせずに,購入するための特別な努力を惜しまない製品のことを意味する。例えば,宝飾品や骨董品などである。

マーケティングにおける製品は消費者が識別し評価するすべての要素を含む包括的な概念である[4]。そのため,製品の使用価値には,品質,形態,構造といった製品の本来的品質に基づく基本的機能のほかに,本来的品質にはなんら差異がない色彩,デザイン,スタイル,パッケージ,ブランドおよび各種サービスなどの副次的機能も含まれる[5]。

製品の基本的機能にかかわる差別化は,技術的には困難である。たとえ可能であるとしても,一般に莫大な費用を必要としたり,消費者に識別されにくかったりする難点がある。しかも,この類の差別化は客観的であるがゆえに,競合相手に追随されやすい。それに対して,副次的機能は消費者の主観的な選好に訴求するため,企業にとって操作性が大きい[6]。加えて,所得水準の上昇や市場の成熟化に伴って,消費者は製品の副次的機能をいっそう重視するようになったため,製品戦略における副次的機能の重要性が高まっている[7]。

第2節 製品戦略

企業は製品の生産,販売を通じて,利潤を獲得し,自らの存続を図っていく。そのため,製品戦略はマーケティング戦略のなかでは中核的地位を占めている。製品戦略とは企業が長期的な利潤最大化を追求するために,消費需要に対して製品を質的および量的に適合させる戦略である[8]。具体的には,製品の個別アイテム,製品ライン,製品ラインの望ましい組み合わせ,すなわち製品ミックスに関する戦略をはじめ,製品のライフサイクル,新製品開発,既存製品の改

---

4) 木綿良行・懸田豊・三村優美子,前掲書,45頁。
5) 岩永忠康,前掲書,75-76頁。
6) 森下二次也『現代の流通機構』世界思想社,1980年,76-77頁。
7) 木綿良行・懸田豊・三村優美子,前掲書,45頁。
8) 橋本勲『現代マーケティング論』新評社,1973年,215頁。

良と新用途の発見,製品廃棄と製品の計画的陳腐化,さらには,ブランドなど製品全般に関わるものも含まれる。

前述したように,今日のマーケティングにおける製品戦略では,色彩,デザイン,スタイル,パッケージ,ブランドおよび各種サービスといった副次的機能に注目する傾向が強くなっている。特にブランドは,ほかの同種製品との心理的差別化を図る手段として,消費者の愛顧を獲得し,市場を維持・拡大する上で重要な役割を果たしている[9]。そのため,本章では製品戦略のなかでも,ブランドに関する戦略を省略し,第3章でブランド戦略を詳しく検討する。

1. 個別アイテム・製品ライン・製品ミックス

製品それ自体に関する戦略は,個別アイテム,製品ライン,製品ミックスといった少なくとも3つのレベルで実施される[10]。

個別アイテムは製品の最小単位である。個別アイテム・レベルでは新しいアイテムの導入や既存アイテムの修正に関する製品戦略が行われる。例えば,1つのアイテムであっても,デザイン,スタイル,サイズ,価格,素材,パッケージなどにおいてさまざまなバリエーションが存在するため,それらに関する意思決定が必要である。

製品ラインは機能,顧客,流通チャネル,価格などにおいて密接に関連している製品の集団を指す。製品ライン・レベルでの製品戦略とは,ある製品ラインにおける新しいアイテムの追加,既存アイテムの修正および削除に伴う戦略である。そこで,既存の製品ラインの適切な管理や,ラインの変更による収益性の変更などが検討される。製品ライン・レベルでの注意点は,新しいアイテムの市場と既存製品の市場と重複することによってもたらされた共食い現象をいかに調整するかということである。

製品ミックスとは製品ラインの組合せである。製品ミックス・レベルでは,全

---

9) 岩永忠康,前掲書,88-89頁。
10) 恩蔵直人「製品戦略」田中由多加編著『新・マーケティング総論』創成社,1990年,150-152頁。

社的な成長性や収益性に基づいて，製品ラインをどのように組み合せればいいかという戦略が行われる。具体的な内容には，新しい製品ラインの追加と既存製品ラインの削除をはじめ，既存製品ラインへのウエイト付けなどが含まれる。

2. 製品多様化

　製品ラインに新しいアイテムを，または，製品ミックスに新しい製品ラインを追加することは，製品多様化と呼ぶ[11]。前者は製品ラインの深度を深めて製品多様化を図るものであり，後者は製品ラインの幅を拡張して製品多様化を図るものである[12]。

　製品ラインに新しいアイテムを追加する製品多様化は，一般に，製品のライフサイクルが成熟期に近づくにつれて，市場細分化戦略に基づいて実施される多様化である。そこで，多様化・個性化していく消費需要への適応と，生産における規模の経済性の追求との間のバランスに注意しなければならない[13]。

　それに対して，製品ミックスに新しい製品ラインを追加する製品多様化は，企業としての成長戦略やリスクの分散，経営基盤の安定化など，長期経営計画上の視点に基づいて実施される多様化である。一般に製品多様化は後者に重点を置く傾向があり，次の3つのタイプに分けられる[14]。

　① 水平的多様化

　洗濯機，冷蔵庫，エアコンを生産している企業が電子レンジ，炊飯器の生産を開始するように，既存製品と同じ市場標的を対象とし，関連性の強い製品分野に進出する場合の製品多様化である。

　② 垂直的多様化

　織物製造業者が紡績業あるいは縫製加工業に進出するように，原材料，半製品，最終製品へと加工していく過程で，いずれかの段階の製品を生産する企業

---

11) 木綿良行・懸田豊・三村優美子，前掲書，52頁。
12) 岩永忠康，前掲書，78頁。
13) 木綿良行・懸田豊・三村優美子，前掲書，53頁。
14) 同上，52-53頁。

が，川上あるいは川下の製造段階に進出する場合の製品多様化である。
　③　異質的多様化
　織物製造業者が化粧品の生産を開始するように，既存製品と全く関連性のない製品分野に進出する場合の製品多様化である。
　製品戦略として最も一般的な製品多様化は，水平的多様化であり，垂直的多様化と異質的多様化は，通常の製品戦略の枠を超え，経営多角化あるいは事業多角化として捉えられる。

第3節　製品のライフサイクル

　人間と同じように，製品にはそれぞれ寿命がある。製品の寿命は，新製品として市場に導入されてから次第に普及し，やがて代替品の出現や消費者嗜好の変化などによって市場から消滅するプロセスを経るので，通常，製品のライフサイクルあるいは製品周期と呼ばれている。
　製品のライフサイクルは一般に導入期，成長期，成熟期および衰退期という4つの段階がある。各段階では，消費者，競合企業などの特徴が異なるため，異なるマーケティング戦略で対応する必要がある[15]。

1．導入期

　新製品として市場に導入され，売上高がゆっくり上昇する段階である。この段階では，売上高が低いのに対して，消費者に新製品を認知させるための販売促進費用や，流通チャネルを開拓するための支出が多いため，利益がマイナスあるいはかなり低い水準にとどまるのが普通である。そして，競合企業の参入が少なく，競争もそれほど激しくはないため，企業は基本的製品の生産に専念する。また，少量生産による高い製造コストや高い販売促進費用などによって，製品価格は高い水準に設定される。そのため，販売もおおむね高所得グループ

---

[15] Kotler, P., & Armstrong G., *op.cit*., pp.273–279. 岩永忠康，前掲書，79–84頁。木綿良行・懸田豊・三村優美子，前掲書，46–49頁。

である初期採用者に集中する。製品の中には，導入に失敗し次の成長期を経ずに市場から脱落するケースもかなりある。

2. 成長期

導入期に展開された販売促進や初期採用者の口コミ宣伝効果などによって，製品が急速に市場に受け入れられ，売上高が急増するとともに利益も大幅に伸びる段階である。購買者は初期採用者から一般の消費者へ広がっていくため，利潤機会が増大し，数多くの競合企業が参入し始める。その結果，競争が次第に激しくなる。企業は競合企業に対抗するため，販売促進や流通チャネルの拡大により多くの費用を支出する。また，市場の急成長期間を可能な限り長く維持するために，企業は品質の改良と新モデルや新たな特徴の追加をはじめ，新市場と新販路の開拓，製品を知らせるための報知広告から製品の説得・購買広告への転換，価格の引き下げなど，さまざまなマーケティング戦略を展開する。この段階では，支出が多くなるが，利益は売上高の急増と単位あたり製造コストの低減によって増加する。

3. 成熟期

この成熟期こそがマーケティングの本領が最も発揮されるべき段階である。成熟期では製品に対する需要はほぼ開拓しつくされ，売上高はしばらくゆっくり伸びてから次第に低下していく。また，過剰生産によってもたらされた競争の激化に対応するために，企業は製品価格を引き下げ，販売促進費用を増やし，製品研究開発予算を増強する。その結果，利益は横ばい状態，あるいは減少していく。激しい競争に耐えきれない弱小企業は市場から脱落し始める。この段階では，製品の品質や特徴において，競合企業間の差異がほとんどみられなくなる。企業は市場シェアを維持するために，ブランドなどを通じて，同種製品との心理的差別化を図る製品差別化に重点を移行する。

製品が成熟期あるいは次の衰退期に到達した際に，当該製品をリポジショニングすることで，製品の寿命を延長することができる。例えば，ナイロンの場

合は，パラシュート，靴下，シャツ，カーペット，タイヤなどの新用途が次から次へと開発されたことによって，製品のライフサイクルが何度も続けて形成された。

4. 衰退期

代替品の出現や消費者嗜好の変化などによって，売上高が急速に低下し，利益が低い水準あるいは赤字に転換する。そのため，当該市場から撤退する企業が増加する。そして残った企業は生産，販売，および流通チャネルを縮小させ，販売促進予算も削減していく。企業にとって弱い製品を維持することは高いコストがかかるため，この段階では，既存製品が衰退期にあるかどうかを識別し，最終的にそれを維持するか廃棄するかの意思決定をしなければならない[16]。

第4節 製品計画

製品計画は，いかなる製品を生産すべきかというプリ・プロダクションの意味で，製造業者の計画活動に用いられている[17]。それは新製品開発を中心に，製品改良と新用途の発見，製品廃棄と計画的陳腐化などが含まれる。

1. 新製品開発

新製品は企業の成長や発展にとって極めて重要である。多くの企業では，年間売上高の7％から50％までが新製品に依存するといわれている[18]。新製品が極めて重要であるにもかかわらず，その導入には常に高いリスクが伴う。ある研究によれば，新製品の失敗率は20％から80％にまで及んでいる。また別

---

16) 製品のライフサイクルの概念は理解が容易であるが，その単純さで多くの批判を受けている。具体的には，分析対象である製品のレベルの曖昧さや，製品のライフサイクルの形状，段階およびサイクルの長さが製品，消費者，競合などによって一様ではないという批判である（米谷雅之『現代製品戦略論』千倉書房，2001年，72-72頁）。
17) 橋本勲，前掲書，215-216頁。
18) 恩蔵直人，前掲書，155頁。

の研究では，新製品の失敗率は消費財で40％，生産財で20％，サービスで18％となっており，特に消費財における新製品の失敗率の高さが指摘されている[19]。

　新製品のリスクを少しでも低くするために，企業は体系化した新製品開発を行うことが重要である。新製品開発プロセスの段階数や各段階の内容についての分類はさまざまであり，中には，新製品開発プロセスを3段階に分ける分類がある。第1段階は，新製品についてのアイディアを探究し，技術的な開発にかかるまでのアイディア段階である。第2段階は，技術的開発段階である。第3段階は，技術的に一応できあがった製品を商品化する，あるいは発売する段階である[20]。この3段階をさらに詳細に分ければ，次の6段階に分けることができる[21]。

　① アイディアの探究・収集

　技術部門やマーケティング部門の従業員を始め，消費者，競合企業の製品，取引先など，社内および社外の情報を収集し，企業目的に合致した新製品のアイディアを探究する。

　② アイディアの審査（スクリーニング）

　前段階で提案された数多くのアイディアを審査し取捨選択する。新製品の試作や市場テストはコストが極めて高いため，この段階では不適切なアイディアを取り除くことで資源の節約につながる。

　③ アイディアの明細化

　選別されたアイディアを，開発コスト，製造コスト，市場規模，市場性や収益性などの視点から検討し，具体的な製品特質や製品プログラムが示された明細書を作成し，研究開発部へ提案する。

　④ 新製品の開発

　明細書に示されたアイディアをもとに，実際に生産可能な製品を技術的に開

---

19) Kotler, P., 村田昭治監修, 和田充夫・上原征彦訳『マーケティング原理―戦略的アプローチ』ダイヤモンド社, 1983年, 384-385頁。
20) 橋本勲, 前掲書, 225-226頁。
21) 同上, 227-229頁。Kotler, P., & Armstrong, G., *op.cit.*, pp.261-269.

発する。技術的に製品を実現させるには，これまでのアイディア段階に費やしてきたコストとは比較にならないほどの投資を必要とする。

⑤　新製品の市場テスト

技術的に完成した製品をある量で実際に生産し，特定の市場でテスト・マーケティングを行い，消費者の受容性を測定する。

⑥　商品化

成功が見込まれる新製品の本格的な生産を開始するとともに，詳細なマーケティング戦略を立案し，本格的な市場導入を行う。この段階で，製品は開発期を終え，製品のライフサイクルの導入期に突入する。

新製品開発はこのようなプロセスを経て周到に行われる。企業は基本的に2つの方法によって新製品を開発する。その1つは，自ら研究開発部門を設置し，新製品開発を行う方法である。もう1つは，企業そのものの買収や，他社からの特許またはライセンスの買い取りによる新製品開発である[22]。

また，新製品と呼ばれるものは，4つの次元で考えることができる[23]。

①　基本的機能の創造といった新技術による新製品
②　基本的機能の部分的改良による部分的改良製品
③　副次的機能の改良といった外観的改良製品
④　技術的改良を伴わない新用途の発見

新技術による新製品，すなわち真の意味での新製品を開発，生産するには，多額の開発投資と設備投資，およびそれに伴う高いリスクを払わなければならない。そのため今日では，新製品のうち，真の意味での新製品はそれほど多くはない[24]。

2. 製品改良と新用途の発見

製品のライフサイクルが推移し，成熟期に近づくと当該製品に対する需要

---

22) Kotler, P., & Armstrong, G., *op.cit.*, p.260.
23) 橋本勲，前掲書，216頁。
24) 同上，216頁。

が飽和し，売上高が伸び悩む傾向がある。こうした状態を打開するために，しばしば製品改良および新用途の発見が行われる。製品改良は大きく品質改良，特徴改良およびスタイル改良という3つの形態がある[25]。

① 品質改良

製品の材質，構造，技術などの改良を通じて，製品の耐久性，信頼性などを高める改良である。

② 特徴改良

製品に新たな特徴を付加することで，製品の便利性，安全性，汎用性，能率性などを拡大する改良である。

③ スタイル改良

製品の色彩，デザイン，スタイル，パッケージなどに変更を加えることで，製品の外観的魅力を高める改良である。

品質改良と特徴改良は基本的機能の部分的改良であり，スタイル改良は副次的機能の改良である。実際の製品改良はこれら3つの形態を明確に区別せずに混合した形で行われる。また，新用途の発見は，通常，新たな製品コンセプトを用いて，新たに発見した市場セグメントに対応するような形で行われる。この場合，基本的に新たな副次的機能の開発によって対応することになる[26]。

3. 製品廃棄と計画的陳腐化

ほとんどの製品は代替品の出現や消費者嗜好の変化などに伴って，売上高と利益が減少し，赤字が拡大していく。その際，企業は合理的な意思決定に基づいて，速やかに製品廃棄の決断をしなければならない[27]。

製品の廃棄はこのような環境の変化に応じて，製品が衰退期に達することで順当に行われる場合のほかに，企業が意図的に製品を陳腐化し廃棄する場合もあり，一般に製品の計画的陳腐化と呼ばれている。

---

25) 同上，230頁。Kotler, P., 村田昭治監修，和田充夫・上原征彦訳，前掲書，416頁。
26) 木綿良行・懸田豊・三村優美子，前掲書，56頁。
27) 橋本勲，前掲書，230-232頁。

製品の計画的陳腐化戦略の主な目的は，本来ならば環境の変化に伴って推移する製品のライフサイクルの動きを意図的に短縮化することで，絶えず消費市場の活性化を図っていくことである[28]。多くの市場が成熟化している現代では新規需要を掘り起こすことが困難であるため，消費者の買い替えを促すことを意図している戦略である[29]。この製品の計画的陳腐化戦略には，次の3つの形態がある[30]。

① 機能的陳腐化

機能を新しくした製品を市場に導入することで，物理的に十分使用可能な既存製品の基本的機能を陳腐化させる戦略である。携帯電話に新しい機能を追加することなどが該当する。

② 心理的陳腐化

基本的機能に変化はないが，スタイルやデザインなどの副次的機能だけを変更した製品を導入し，買い替えを喚起する戦略である。自動車のモデルチェンジがその典型である。

③ 物理的陳腐化

技術的に耐久性のある製品の生産が可能であるにもかかわらず，意図的に寿命を短くし買い替えを促す戦略である。ストッキングなどが該当する。

製品の計画的陳腐化は消費者の購買意向に戦略的に介入し，消費者の過度な買い替えをもたらすために批判されている。その一方では，企業間競争を促進し，陳腐化した製品が安価になるため，入手可能な消費者を増やすことで技術の進歩や生活の質の向上を速める効果があるとも指摘されている[31]。

いずれにしても，企業にとっては，製品のライフサイクルの衰退期にある製品について適切な廃棄の時期を決定することが重要である[32]。

---

28) 木綿良行・懸田豊・三村優美子，前掲書，56-57頁。
29) 杉浦礼子「市場競争力のある製品」成田景堯編著『京都に学ぶマーケティング』五絃舎，2014年，43頁。
30) 同上，44頁。橋本勲，前掲書，210-211頁。
31) 杉浦礼子，同上，44頁。
32) 木綿良行・懸田豊・三村優美子，前掲書，56頁。

第2章　製品戦略
― 北陸アルミニウムとパール金属の事例から ―

第1節　台所・食卓用品産業の特徴

1. 台所・食卓用品とは

　私たちは，食事する際に，野菜，肉，魚といった食料品はもちろんのこと，その他に数多くの製品も使用する。例えば，食事する前の調理過程では，包丁やまな板，フライパンやフライ返し，あるいは鍋やおたまなどを使用する。食事をしているときには茶碗や皿，および箸などを，そして食後には，コーヒーカップなどを使用する。その他にも米や調味料を保存する食料貯蔵容器，洗った食器を乾かす水切りといった料理と食事に直接関係しない製品も使用したりする。これらの台所や食卓で使用される製品は，台所・食卓用品と呼ぶ。

　台所・食卓用品の歴史は古く，日本においては縄文時代の縄文土器や石皿，すり石などからその存在が確認されている。縄文時代においては木の実や獣肉，魚，あるいは貝類が主な食料品であった。その後は，社会的分業の高度化やグローバル化の影響で，今日の私たちは，中華を始め，メキシカンやフレンチなど実に多様な料理を手軽に食べられるようになった。食事の多様化に伴って，多様な料理を作るための道具や，食べるための食器という製品もその種類を大きく増やしている。

　総務省の日本標準商品分類[1]に従えば，これらの製品のほとんどは台所用品・食卓用品（本章では，台所・食卓用品に略す）に分類できる[2]。そして台所・

---
1) 日本標準商品分類は，日本の産業と流通構造の特徴を踏まえた商品分類である。詳細は総務省の日本標準商品分類を参照。http://www.soumu.go.jp/toukei_toukatsu/index/seido/syouhin/2index.htm （2016年11月26日アクセス）。
2) その例外は包丁である。包丁は利器工匠具及び手道具（分類番号68）に分類されている。

食卓用品（分類番号77）は生活・文化用品（分類番号8）に属し，調理用ボウルや皮むき器などの調理用具（分類番号771），鍋やフライパンなどの料理用具（分類番号772），およびコップや皿などの飲食器（分類番号773）などによって構成される[3]。

2．台所・食卓用品の生産と購買特性

　日本における台所・食卓用品の主な製造業者は，新潟県の燕市や三条市，およびその周辺に集積している[4]。特に，燕市と三条市の優れた金属加工技術は，世界的にも有名である。しかし，台所・食卓用品の生産技術は，自動車やパソコンのように複雑ではない。それに加えて，多額の設備投資も必要としない。そのため，金属加工技術は海外にキャッチアップされ，近年の日本の製造業者はハイクラスな製品の生産に集中するようになった。

　一昔前であれば，台所・食卓用品は，他人の目に触れないところで使用されることがほとんどであったため，洋服やカバンのようにデザインやブランドが重視されることは多くなかった。こうした事情から，消費者は台所・食卓用品を購入する際に，機能と価格をより重視した[5]。このような傾向は，他人の目に触れることがもっとも少なく，かつ汚れやすい調理器具に強くみられた。

　しかし近年では，対面式キッチンが好まれ，調理器具でもデザイン性が求められるようになった。とはいえ，消費者の台所・食卓用品にデザイン性を求める傾向は，外出する際に身に付ける製品ほど強いものではない[6]。

　このような台所・食卓用品の生産と購買特性を踏まえて，本章では北陸アル

3）その他には，ポットや調味料入れなどの食卓器具（分類番号774），米びつや弁当箱などの食料貯蔵器具（分類番号775），箸や食卓用ナイフなどの食卓用ナイフ，フォーク，スプーン，箸および同付属品（分類番号776），カクテルシェーカやストローなどのバーアクセサリ（分類番号777）も台所・食卓用品に含まれる。
4）例えば，日本金属ハウスウェア工業組合の加盟会員の多くは新潟県の企業である。http://www.houseware.jp/（2016年11月26日アクセス）。
5）筆者が，2016年9月23日に，北陸アルミニウム株式会社東京支店にて，同ハウスウェア事業本部長の吉川均氏に行ったインタビューによる。
6）同上インタビューによる。

ミニウム株式会社とパール金属株式会社の製品戦略について説明していく。

第2節　北陸アルミニウムの製品戦略

1. 消費財の製品開発

　北陸アルミニウム株式会社（以降，HOKUAと略す）は，1930年，富山県高岡市で創業し，大きく2つの事業ドメインをもっている。1つ目は，家庭用と業務用に関する調理用具の生産販売を中心とするハウスウェア事業本部である。2つ目は，建材や特注品を生産販売するシグマ事業本部である。本節では，ハウスウェア事業本部の製品開発について考察する。

　HOKUAは，多種多様な台所用品のうち，フライパンと鍋を中心に生産している。第1章で述べているように新製品開発の起点は，アイディアの探索・収集にある。HOKUAの新製品に関する最も重要なアイディアは，消費者の使用場面から析出される。

　ここでいう使用場面とは，昨年に比べて今年はどうなっているかという短期的なものではなく，3年から5年，あるいはより先の傾向を意識する中期的なものを意味する。

　例えば，HOKUAは，2016年の秋に「TABLE ON」という金属製鍋の新製品を発売した。一昔前，金属製鍋は，煮物やスープなどを作るために使用されていた。冷めにくい構造にするために鍋の底が深く，鍋の口と同じ面積のデザインが一般的であった。そして，作られた煮物やスープが皿や汁椀に入れられて食卓に運ばれるため，鍋の外側はデザインの美しさよりも汚れが目立ちにくい色に施されていた。

　しかし，「TABLE ON」という新製品は，鍋の底が浅くて狭く，鍋の口に近づくほど鍋の円周が広がっていく構造になっている。そして，鍋の外側と取っ手は，素材を活かした綺麗な色とデザインに仕上げられている。HOKUAが開発した「TABLE ON」の狙いは，食卓に映える鍋にある[7]。

7）商品の詳細はHOKUAのHP（http://www3.hokua.com）を参照されたい。

HOKUAは，なぜこのような鍋を開発したのか。その理由は，現代消費者の食事に対する要求の変化にある。一昔前であれば，煮物やスープは皿や汁椀に入れられてからテーブルに載せられた。しかし，現在の消費者は，作りたての料理の熱々感や匂い，見た目も重視するようになった。そのため，熱々感と匂いを感じ取りやすい構造をし，美しいデザインと色をもつ「TABLE ON」が開発されたのである。

消費者の食事に対する要求の変化という情報は，どのように収集されたのだろうか。鍋やフライパンという業界であれば，HOKUAは名の知れ渡った企業である。それでも，中小企業基本法の分類に従えば，HOKUAは中小企業である[8]。資金や人手という経営資源が限定されたなか，花王やSONYなどのような大手製造企業のように，市場調査の専門チームを設置することが難しい。

その代わりに，HOKUAは3つの主な情報源をもっている。1つ目は，多種多様な商品に接触し，実店舗の顧客情報を入手できる小売企業のバイヤーである。2つ目は，大手食品加工企業の新製品傾向と売行き情報である。3つ目は，消費者の間で人気があり，料理レシピや食事シーンの写真を掲載している料理雑誌である。HOKUAによれば，1つ目と2つ目の情報源からは直近1年から2年までの新製品開発に関するヒントを得ることができ，3つ目の料理雑誌からは消費者の食事に関するライフスタイルの傾向を読み取ることができる。そして，消費者の食事に関するライフスタイルの情報は，3年から5年後の新製品の思案に役立つとのことである。

ウェアハウス事業本部長の吉川氏によれば，こうした情報のいずれも役立つが，その中でも完成した料理をどのような場所に置き，どのようなシーンで食べられているのかを具現化した料理雑誌の情報がより重要であるという。その理由は，新製品開発の投資費用回収や利益を考慮に入れた場合，少しでも息の長い製品を開発したほうが望ましいことと，直近の消費者情報に基づいて製品

---

8) 中小企業基本法によれば，「資本金の額又は出資の総額が3億円以下の会社又は常時使用する従業員の数が300人以下の会社及び個人」を中小企業と定義している。http://www.chusho.meti.go.jp/soshiki/teigi.html （2016年12月2日アクセス）。HOKUAは資本金が3億であり，従業員の数が181人である。

開発を行う場合，需要のタイミングに間に合わないことがあげられる。そのため，吉川氏と彼の部下は，2週間に一度の頻度で本屋へ行き，料理雑誌をチェックしている[9]。

2. 産業財の製品開発

　ウェアハウス事業本部は，前記した消費者向けの製品がある一方で，レストランなどの業者向けの製品も生産している。消費者向けと同様に，業者向け製品でもフライパンと鍋を中心に生産している。近年では，アルミホテルパンという製品にも力を入れ始めた。アルミホテルパンは，レストランの厨房でよくみかけるスチームコンベクション（温水と水蒸気を利用して調理する厨房機器）の中に入っているトレーとして使用される。

　HOKUAがアルミホテルパンの開発および生産に踏み込んだ背景には，日本社会が直面している少子高齢化問題がある。少子高齢化は，働き手の減少を意味する。こうしたなか，経済成長の維持を図る政府は，高齢者と女性の社会進出を推進している。

　レストランも少子高齢化の影響を受け，厨房の働き手は慢性的に不足している。そのため，厨房における調理や仕込みまたは洗い場などの人手は，一昔前のように十分であることが少なくなっている。多くのレストランでは，繁忙時に全員で調理にかかり，そして短い閑散時に一部の人が洗い場に走り，もう一部の人は次の繁忙時に備えるための仕込みを行うようなオペレーションをしている。

　また，20年や30年前であれば，レストランにおける働き手の多くは若い男性であったのに対して，現在では多くの働き手が高齢者または女性となっている。高齢者または女性にとって，スチームコンベクションのなかに入っているステンレス製のホテルパンは大変重い。

　HOKUAは，レストランにおける働き手の不足や高齢者と女性の増加を，ビジネスチャンスとして捉えている。こうした変化に対応するために，彼らは，ステンレスより軽いアルミを使用し，そして洗浄が楽になるフッ素コーティン

9）前掲の吉川氏へのインタビューによる。

グをアルミホテルパンに施した[10]。

3. 製品の市場からの撤退時期

　HOKUAは，フライパンの新製品を開発してから，平均して3年間ぐらいでその製品に代わる新製品を開発する。その理由は，小売企業の棚割りに関係する。

　ここでの棚割りとは，製品陳列棚にどの製品をどこに，どれだけ陳列するのかに関する計画を意味する。棚割り計画の決定者は，小売企業のバイヤーである。また，この計画はバイヤーから突然に指示されるものではない。

　小売企業は，顧客にとって魅力的な製品を自社店舗の棚に並べたい。製品を棚に並べるためには，製造企業と卸売企業の協力が必要である。とりわけ，大規模小売企業であればあるほどその協力は重要になる。その原因は，大規模小売企業の販売量に対応できる製造企業が数多くはないからである。すなわち，大規模小売企業の販売量に生産が追いつかない製造企業の製品に棚を割いても，販売の機会ロスに繋がってしまうためである[11]。

　そのため，小売企業のバイヤーは取引先（製造企業と卸売企業）に対して，商品計画の説明会や日々のやり取りを通じて，来年や何か月か先に欲しい製品イメージと数量を伝える。そして，取引先はその製品イメージに沿って製品を探したり，開発したりする。

　東急ストアで商品部の雑貨部長を務めた経験がある山本氏によれば，現代ではフライパンのような調理器具は1年から2年ぐらいの使用期間を経て買い替えられることが多い。消費者は次の購入時に前回と同じ製品を買う可能性もあるが，3回目も同じ製品を買うことは極めて珍しい。そして，前年と同じような棚割りを繰り返していくと，消費者は棚の前で足を止めなくなる。そのため，小売企業のバイヤーは，棚割りの変更を通じて，棚の新鮮さを維持し，消

10）同上インタビューによる。
11）筆者が，2016年9月23日に，北陸アルミニウム株式会社東京支店にて，元株式会社東急ストア取締役の山本和孝氏に行ったインタビューによる。

費者に興味を持たせるようにしている[12]。

　しかし毎年，棚に入っているすべての製品を変更する，つまり製造企業に毎年のように新製品を開発させることは必要のない仕入れ価格の高騰を招く。製造企業は，新製品開発の費用を卸値の一部に転嫁している。開発費用をより短い販売期間で回収するために，卸値の引き上げが必要である。逆にいえば，長い販売期間で開発費用を回収できれば，一個あたりの製品が負担する開発費用が少なくなり，卸売値も安くなる。小売企業の立場からすれば，仕入れ価格の高騰を回避できる。

　そのため小売企業は，消費者の再購買時間が1年から2年に当てはまるような製品を，毎年のように新製品開発することを求めない。それよりも，利益や他の小売企業との価格競争を意識した方が重要である。こうした事情から，大衆品を販売する大手総合スーパーと取引しているHOKUAは，バイヤーから3年に一度の製品開発が要求されている。

第3節　パール金属の製品戦略

　パール金属株式会社（以降，パール金属と略す）は，1967年新潟県三条市で高波久雄氏によって設立された。キッチン・リビングで使われるハウスウェアを中心に，アウトドア・レジャー関連用品も含め事業を展開している。主な取引先は，国内の大手総合スーパーである。売上高は380億円であり，ハウスウェア製品がそのうちの65%を占めている。そして，650名の従業員を雇用し，台所・食卓用品業界における大手企業である。

　なぜこれだけの成長を成し遂げたのだろうか。その理由としては，①豊富な品揃えを始め，②巨大な在庫保持能力，③効率的な物流システムおよび④組織された素早い製品開発チームの存在の4つの強みが挙げられる。

　パール金属は，台所や食卓，あるいはその周辺に使用されるフライパンや包丁，弁当箱，収納用品，ゴミ箱，食器などの関連用品をほとんど揃えている。

---

12) 前掲の吉川氏へのインタビューによる。

幅広い製品ラインであるのみならず，深さをもつ製品ラインでもある。例えば，高波社長によれば，フライパンという製品ラインには約1,000点のアイテムがあるとのことである。ハウスウェアに関連する製品を合わせると，その数は約60,000点にも達する。

こうした豊富な品揃えに加え，彼らは，積極的に小売企業の代わりに在庫を保持し，効率的な物流システムを通じて滞りなく製品を配送する。まるで小売店の代わりに商品の品揃えを行う台所・食卓用品問屋のようである。小売企業のキッチン担当バイヤーにとって，重宝される企業ということになる。

このような豊富な品揃えがどのように形成されたのであろうか。パール金属には，製品開発と管理の専門部門が設置されている。そこでは，新製品の立案やPR活動の実施を中心とする企画開発室，企画された製品を具体的な設計図に作成するプロダクトデザイン室，企画開発室が企画した製品に合わせたパッケージやPOP作りを行う企画デザイン室，そしてプロダクトデザイン室で作成した設計図を機能の側面から確認し，製品品質をコントロールする品質管理部に細分化されている。こうした専門部門が組織的に製品開発を実施しているから，年間2,000から3,000点ほどの新製品ができる。

これだけ数多くの新製品を毎年のように開発しているパール金属は，どのようなタイミングで製品を廃番するのであろうか。課長の宮川氏によれば，一部の製品は廃番というよりも休止されるとのことである。その理由は，調理器具のトレンドが流行サイクルのある食料品に従うことにあるからである。例えば，少し前に流行していたもつ鍋が市場から完全になくなることはなく，何年間か経ってからまたもつ鍋が再流行するようになる。もつ鍋の流行サイクルに合わせて，もつ鍋に合った調理器具も休止，復活，休止，復活のサイクルを繰り返す。つまり，一般にいわれる製品ライフサイクルの衰退期に入ったことで，製品がやがて市場から消滅するのではない。流行サイクルのもつ需要に従って，同じ製品が再び製品ライフサイクルを経験することがある。

パール金属は，これまで数え切れないほどの製品開発を実施してきた。そのため，製品開発に必要な仕様書を膨大な量で蓄積している。過去に制作した仕

様書をもとに，食品のトレンドに合わせた素早い製品開発を可能にした。つまり，この仕様書という資源がパール金属の第5の強みといえる[13]。

第4節　消費者志向の問題点

　第2節で述べたように，HOKUAは，現代社会の特徴や消費者の食事に対する変化に合わせて，製品を開発している。しかし，消費者志向に基づいた製品開発は，場合によって必要のない機能と費用を生み出す。吉川氏によれば，近年のフライパンの新製品開発には軽量化，デザイン，洗浄手間を減らすフッ素コーティング，およびその耐久性を重視する傾向があるという[14]。

　軽量化とフッ素コーティングは，高齢化や女性の社会進出に要求されたものである。それに対して，デザイン重視は消費者の食事に対するライフスタイルの変化に対応するためである。そして，フッ素コーティングの耐久性重視は，購入した製品を長く使いたい需要に対応する。しかし，近年の「耐久性」競争は，非合理的な製品開発競争と無駄な開発費用をもたらしている。

　消費者が長く製品を使用したいという需要を汲み取って，製造企業は耐久性の一指標である耐磨耗テストの回数表示をするようになった[15]。やがて，この回数は消費者の購買基準の1つとなり，各企業はその回数を10万，20万，50万，100万と争って増加させていった[16]。

　耐磨耗テストの回数を増やす方法の1つは，フッ素のなかにセラミックな

---

13) 筆者が，2016年8月24日に，パール金属株式会社東京支店にて，同関東販売事業部課長の宮川公夫氏に行ったインタビューによる。
14) 前掲の吉川氏へのインタビューによる。
15) 耐磨耗テストの回数は日用品金属製品検査センターによって実施される。実施方法は，金属ベラとフライパンを機械に固定し，フッ素コーティングをしたフライパンの表面に金属ベラを擦らせる。回数は金属ベラがフライパンの表面を1往復する度に1回として計上する。もしコーティングが剥がれて，金属ベラが底の金属に触れると機械が感知し，金属ベラはフライパンの上で磨耗テストが止まる。その時に示された累積回数がこのフライパンの耐磨耗テストの限界回数となる。
16) 前掲の吉川氏へのインタビューによる。

どの不純物を加えることである。しかし，不純物を加えるほど，フライパンと食料品との剥離性が低下する。剥離性が低下したフライパンは，食料品がフライパンにくっつきやすくなり，洗う際の手間を増やす。こうした事情があるにもかかわらず，情報に疎い消費者は耐磨耗テストの回数の多い製品を選好するため，企業はこの回数の増加につながる製品を開発し続けなければならない。

吉川氏によれば，フライパンの上に塗れるフッ素コーティングの厚さの限界は約60ミクロンである。そのフライパンを毎日5回使用し，一度の使用に金属ベラを10回フライパンの表面に擦りつけると想定し，かつそのフライパンを正しく使用する場合[17]，その寿命は5年である。つまり，1つのフッ素コーティング付きのフライパンは，10万回の耐磨耗テストをクリアしていれば十分である[18]。

こうした情報収集に積極的でない消費者の選好に基づいた製品開発を行うと，消費者にとって必要のない機能向上に繋がり，場合によっては洗いやすいという便利性まで低下させる。他方，必要以上の磨耗テストは製品開発コストも増加させる。賢く，厳しい消費者の存在は企業に良い製品を開発させる。企業に良い製品を開発させるためには，消費者の私たちも製品についてもっと勉強する必要があるのではないだろうか。

---

[17] フッ素コーティングは260度を超えると劣化する。そのためフライパンの表面温度がそれを超えて使用するとフッ素コーティングの劣化が早まる。

[18] 前掲の吉川氏へのインタビューによる。吉川氏によれば，この他にも消費者が求める「行き過ぎた軽量化」がフライパンの表面温度の急上昇をもたらし，フッ素樹脂の短命化に繋がる事例がある。

第２章　製品戦略－北陸アルミニウムとパール金属の事例から－　47

謝　辞

　本稿は，北陸アルミニウム株式会社のハウスウェア事業本部長の吉川均氏とパール金属株式会社東京支店関東販売事業部課長の宮川公夫氏，および元株式会社東急ストア取締役の山本和孝氏へのインタビュー調査をもとに作成したものである。長いインタビュー調査にも関わらず，3氏は共に最後まで親切かつ丁寧に答えてくださったことに心よりお礼申し上げる。無論，本稿の中に何等かの誤りなどがあれば，それはすべて筆者の責任である。

参考文献
岩永忠康編著『マーケティングの理論と戦略』五絃舎，2015年。
清水滋『21世紀版 小売業のマーケティング』ビジネス社，1993年。
東京中小企業投資育成株式会社編著「投資先企業レポート パール金属株式会社」『そだとう』第187号，2016年。

第3章　ブランド戦略

第1節　老舗ブランドとマーケティング的ブランド

　ブランドとは，品種，等級，銘柄，商標などを指す。品種は，例えばある食品に関する種類を示すものであり，米であれば「コシヒカリ」「山田錦」「あきたこまち」，桃であれば「清水白桃」「白鳳」「黄金桃」などがある。等級は，商品の品質の格付けであり，牛肉であれば「A5」「A4」，マスカットであれば「特秀品」「秀品」「優品」「良品」などがある。銘柄は，日本酒であれば，「大関」「久保田」「白鶴」，ウイスキーであれば，「余市（ニッカ）」「竹鶴（ニッカ）」「山崎（サントリー）」などである。商標は，商品やサービスを特定化するためのマークであり，特許庁での登録により，商標法による独占的使用権が保証される[1]。

　伊部泰弘氏によれば，ブランドは「自社の商品・サービスと競合他社のそれらを区別するために消費者の五感（視覚，聴覚，触覚，味覚，嗅覚）でとらえられるようにネーム，言葉，デザイン，シンボル，あるいはその他の特徴（それらをブランド要素ともいう）に置き換えられ表現されている」[2]と捉えられている。

　また，老舗ブランドと呼ばれるものもあり，特に老舗という言葉は，「由緒」「古い」「伝統」「格式」「歴史」などが連想されるだろう。老舗ブランドは「老舗であるブランド」や「老舗にふさわしいブランド」という認識がなされ，2つの特徴がある。1つはその用語には歴史や伝統の存在が明確に認識される。巨大製造企業にみられるブランドは経済主体が恣意的に形成したものであり，老

---

1) 伊部泰弘「老舗ブランド」成田景堯編『京都に学ぶマーケティング』五絃舎,2014年,26頁。
2) 同上，26頁。

舗ブランドとは根本的に異なる。老舗ブランドは日々の営業活動により自然と培われ，消費者によってそのブランドが高く評価された結果に過ぎず，恣意的な要素は含まれていない。もう1つはのれんにある物理的側面ではなく，会計的側面に注目すると，無形資産としての資産価値が非常に高いことを意味する[3]。老舗ブランドの形成に最も大きく寄与する要素はサービスも含めた商品そのものである。

　老舗ブランドを明確に理解するため，その対極にあるマーケティング的ブランドを理解しよう。老舗のような明確に差別化された商品とは異なり，競合他社との差異がみえにくい商品そのものではなく，マーケティングをもって差別化を図ろうとする。マーケティング的ブランドは競争のための差別化手段である。例えば，製造元企業の記載がない膨大な種類の缶コーヒーが市場にある状況を想像してみよう。消費者は購買時の判断が困難になる。このような状況は消費者だけでなく，製造企業にとっても深刻な問題となる。マーケティングにおける商標は自社商品を積極的に購買させるための出発点と位置付けられる。それに対して，老舗における商標は極端に言えば，付与されなくとも経営は成立する。

　以下に広告宣伝活動，販売活動，価格設定について，マーケティングと老舗経営活動との違いを理解しよう。マーケティングにおける販売促進戦略の中核を占める広告宣伝活動は商品に商標が付与されていなければ全く意味をなさない。その商品はどの企業が生産したかを消費者に特定化させることから始められる。それと同時に，その商標に対する良好なイメージを広告宣伝活動によって形成し，商品が優れたものであるという認識を消費者意識に植え付ける。例えば，人気タレントが醸し出すイメージを活用した宣伝広告がなされる。消費者は最重要目的であった良質な商品の購入からいつしかブランドの購入に移行させられる[4]。マーケティングはシャンプーならば，ある特定ブランド商品を購入するという指名購買を力強く促進する。

---

[3] 同上，28–29頁。
[4] 拙稿「マーケティングにおけるブランドの役割–岩永忠康先生の見解を基礎として–」『佐賀大学経済論集』第45巻 第1号，2012年。

それに対して，老舗では商品そのものが差別化され，競争力の源泉となるため，特別な広告宣伝の必要がない。逆に言えば，マーケティング的な広告宣伝活動は老舗の品格を損なう恐れがある。品質を高く維持するため，従業員は熟練が求められ，大量生産はできない。このような商品はその品質を理解する限定的な消費者または顧客に販売されるだけで十分だからである。

　経路戦略について，ブランドが付与される以前，商品は小売業者の思惑に従って取り扱われていた。消費者は品質のよい商品を確実に購入するためには誠実な販売を行う小売業者を探す必要があった。小売業者が商品の品質保証を担っていた。指名購買は小売業者による詐欺的な行為を抑制する働きがあったという点は見逃せない。市場シェアの拡大を優先するマーケティングの主体は取引を求めてくる流通業者を広く受け入れる開放型流通チャネルによって，全国に商品を行き渡らせる。商品が至る所で消費者の目にとまることは自然とブランドの認知につながる。

　それに対して，老舗の商品は流通業者を介する程の生産量はない。それ故，基本的には自らが直接販売する。商品に関するさまざまな情報を適切に消費者・顧客に伝えるため，流通業者にそれを代理させられないからでもある。

　食品の事例から価格設定を理解しよう。一般消費者が容易に購入できるよう商品は低価格な設定がなされる。規模の経済を活かした原価の引き下げによる価格設定は中小製造企業の参入障壁を高める役割を果たす[5]。それに対して，老舗の商品は製造原価に適切な利益を上乗せしたコストプラス法が採用される。競争関係を基準とした価格設定，特に，低価格設定はなされない。品質と価格が連動する老舗商品において，低価格設定は伝統や格式に傷を付けるからである。

第2節　ブランドの役割

　ブランドそれ自体に価値はない。しかし，それが商品などに付与され，さまざまな活動を通した結果，その役割は表面化する。ブランドには次の9つの

---

[5] 齋藤典晃「ブランド管理」齋藤典晃・松井温文編著『最新マーケティング』五絃舎，2015年，27–32頁。

役割がある。1つ目は製造元・出所の明記により責任所在が明確化する。ブランドが付与されていない場合，消費者は欠陥商品についての問い合わせ先が分からなくなる。

2つ目は同一ブランドが付与されていたならば，それらは均質であることを保証する。あるブランドが付与された商品の品質が不均一である場合，消費者はそのような商品に対して，冒険的な購買に迫られる。例えば，品質が過度に高い場合には高い満足度が得られる。しかし，その逆に品質が過度に低い場合には強い不満足につながる。このような商品を多数回購買することによって，満足と不満足それぞれに対する累積的絶対値が等しければ，すなわち，満足と不満足が打ち消し合った状態において，継続的な購買を期待することは困難である。品質のバラツキは直接低品質と認識されるからである。

3つ目は競合他社商品との差別化を図る役割がある。菓子製造企業であれば，グリコ，森永，明治などのブランドの付与によって，チョコレートであっても，明確に区別できる。競合他社だけではなく，自社商品間の差別化にもブランドは活用される。例えば，アパレル企業に付与されたブランドの傘の下には複数の個別ブランドが設定される。各ブランドのコンセプトは差別化が図られている。複数の異なるブランドを設定することによって，対象とする消費者を広く獲得しようとする。

4つ目は消費者の指名購買を促進し，ブランド・ロイヤルティを高める。新規顧客の獲得とその維持は安定的な収益を確保するために重要となる。指名購買はその基礎となる。同属にある商品を比較検討させるのではなく，特定ブランドであることが選択基準における絶対的な影響力をもつ。指名購買はあるブランドに対する高いロイヤルティの確保が必須となる。その出発点にブランドが位置付けられる。

5つ目は商標法によってブランドは社会的，経済的に保護され，独占的使用権が確保される。それはブランドの明確化の土台を保証する。ブランド力が非常に高い商品は模倣されることが多く，法的保護は企業だけでなく，消費者にとっても重要である。

6つ目はブランドが安全性を保証する。それは消費者に安心感や信頼感を与え，言葉以外のコミュニケーション・ツールとなる。例えば，生鮮食料品について，老舗百貨店と格安スーパーマーケットでの購買行動に大きな差を生じさせる。前者では消費者は基本的には品質を自らが確認する必要はない。もし，消費時点において，品質上の問題が確認されたならば，その旨を告げるだけで十分な対応を得られるからである。

　7つ目はあるブランドが有するイメージを自己表現手段として消費者が活用する。例えば，それはブランドが有する高級感と消費者自身のステータス性を連動させる高級ブランド商品はその代表である。それが過度に進めば，「グッチャー」や「シャネラー」と呼ばれるようになる。

　8つ目は指名購買の目印としてブランドが付与され，販売効率性が高まる。例えば，ビールが欲しいと消費者が思えば，キリンの「一番絞り」が即座に連想され，購買対象の有力候補に挙げられる。あるブランドが消費者に良好に受け入れられたならば，ブランド拡張も可能となる。消費者は，ブランドの付与によって，購買時の選択が容易になる。

　9つ目はブランド力の強さそれ自体が資産価値を形成するため，売買の対象になる。例えば，赤字倒産に追い込まれた企業であっても，ブランドの価値は喪失しない場合もあり，そのブランドの権利を購入した他の会社によって，以前と変わりなく消費者に愛されることもある[6]。

第3節　ブランド・エクイティとブランディング

　前節で述べたブランドの資産的価値に対してアーカーはブランド・エクイティに注目した。それは「ブランドの名前やシンボルと結びついたブランド資産と負債の集合体であり，製品やサービスの価値を増大（あるいは減少）させるもの」[7]であり，5つの要素から構成されているとされた。

---

6) 伊部泰弘，前掲書，27-28頁。
7) Aaker, D. A., *Managing Brand Equity: Capitalizing on Value of a Brand Name*, Free

1つ目はブランド・ロイヤルティである。それは特定ブランドに対する顧客の忠誠度を示す。忠誠は執着や愛願とも理解され，ブランド・ロイヤルティの程度が高ければ，顧客を安定して確保できるため，競合ブランドにスイッチされる可能性が低くなる。それは顧客との長期的関係を構築する基本である。

2つ目はブランド認知である。それは消費者が特定ブランドをどの程度知っているのかを表す。言い換えれば，それは消費者に広く知られている程度を示す。ブランド・ロイヤルティは顧客の精神面における特定ブランドに対する忠誠の程度を，ブランド認知は特定ブランドを知っている消費者の絶対数を示す。

3つ目は知覚品質である。これは客観的品質とは異なり，消費者による主観評価となる品質である。消費者の個人的な好みが品質評価に多大な影響を与える。ブランド・ロイヤルティの高い顧客にとって，当該ブランドに対する知覚品質は他の消費者よりも歴然と高くなる。それとは異なる例として，基本的に商品であったとしても，価格の高い方が品質は優れていると知覚される傾向がある。知覚品質は消費者の主観的評価であるため，不安定であり，同じ消費者であっても状況が異なれば評価が変動する。

4つ目はブランド連想である。これはあるブランドを見聞きした際に思い浮かべるイメージである。それによって結び付けられるもの全てが対象となり，それが強く，その対象が広く，好ましく，ユニークであれば，ブランドの評価は高くなる。

5つ目は所有権のあるブランド資産である。それは特許や商標によって，法的にブランドが自社固有のものと認められる。競合他社はそのブランドを使用できないため優位性を確保できる。流通チャネルにおける各流通企業の統制が図りやすくなる[8]。

ブランド・エクイティを高めるコミュニケーション活動の視点から，ブランディングを説明する。今日市場には商品が膨大に溢れ，市場細分化戦略による

Press, 1991.（陶山計介・中田善啓・尾崎久仁博・小林哲訳『ブランド・エクイティ戦略－競争優位を作り出す名前, シンボル, スローガン－』ダイヤモンド社, 1994年, 21頁。）
[8] 同上，21-29頁。

消費者ニーズへの積極的な適用の有効性は低下するコモディティ化現象に陥っているため、ブランディングは必須となる。

　最初に行う活動はブランド認知である。複数の商品が店頭にある場合，それら全てを購入し，品質を確認し，今後の購買を決定する消費者はいない。過去の経験を基礎として，ブランドを絞り込む。それゆえ，購買以前に自社ブランドを消費者に十分認知させようとする。消費者がある商品属性の中で最も強く印象付けられているトップ・オブ・マインドになるよう活動がなされる。認知を促すためには全国規模での力強い広告宣伝活動が必要となり，その活動以前に商品が全国に行き渡らなくてはならない。広告宣伝される商品が店頭において消費者の目に留まる必要がある。販売の実現が不確定であるにも関わらず，全国規模での広告活動と商品の流通を実施するだけの資本力がなくてはならず，巨大企業の優位性は明白である。例えば，資生堂の「TSUBAKI」は1年間で約50億円もの販売促進費用が投入された。SMAPによる「DEAR WOMAN」をテーマソングに，6名の女優を1つのテレビ広告に登場させ，ナレーションを少なくし，「美しい女性，美しい髪」というイメージを印象付けた。カラー見開き三十段広告による新聞広告では資生堂のシンボル華椿を背景に「日本の女性は，美しい」というイメージを発信した。それだけでなく，大量のサンプリング，屋外広告，イベント，店頭プロモーションによって，トップ・オブ・マインドの獲得を目指した。

　次にブランド連想が重要となる。ライオンの「植物物語」は競合商品が香りや洗浄力を訴求力とするのに対して，「植物」をコンセプトに位置付けた差別化が図られた。成分の99％が植物原料であり，植物のイメージが天然の優しさ，安心感，大地の恵み，みずみずしい生命力など，連想が豊富となり，消費者の頭の中で商品と結び付く可能性が高くなる。テレビ広告において，このブランドの世界観に適合したタレントを起用し，原料や製法を消費者に正確に伝える努力がなされ，ブランドの一貫性を維持した。その結果，石鹸だけでなく，ヘアケア，スキンケア，女性用化粧品などへとブランド拡張がなされた。ブランド連想の質的な高さは商品を想起させる機会を多く創造するため，購買の可能

性を高める。

　最後にブランド・ロイヤルティが重要となる。これは行動面と心理面から構成され，バランス良く高めるようにする。行動面での向上は継続的購買，購買頻度の増加につながる。事例はおまけとして清涼飲料水のペットボトルの首に付けられたマスコットや携帯ストラップである。これは購入すれば入手できる総付景品と呼ばれる。これは購買意欲を高めるためのプロモーションであり，消費した後にも残るため，再購買を促進する。継続的購買の促進を目的として，応募シールを集めて景品を入手するクローズド懸賞がある。購買意欲向上には資本規模の大小に関係なく，接客サービスが最も強力な消費者との関係性構築手段となる。それは高価格商品に関わる接客サービスの方が重要となる。ブランド・ロイヤルティの強化は消費者の顧客への育成を意味する。ただし，このような活動は消費者の来店を前提とするため，ブログ，Facebook（フェイスブック），Twitter（ツイッター）など，幅広いSNS（Social Networking Service）の活用は有効である。

　近年では統合的ブランド・コミュニケーション（IBC: Integrated Brand Communication）が注目される。諸活動の統合はマーケティングの基本的姿勢と一致する。ネスレの商品「キットカット」がこの最適な事例である。自社コンセプト"KitKat Break"を商品と結び付け，「ストレスから解放される瞬間」と位置付けた。受験生を応援するブランドとしての地位を獲得した「キットカットできっと願いがかなう」キャンペーンが特筆される。試験会場付近に宿泊する受験生がチェックアウトする際，「受験頑張って下さい」の一言を添えて，サクラ満開のポストカードとキットカットを手渡しする企画は効果的であった。また，列車や駅構内において，キットカットのパッケージを活用して，サクラを満開にしたり，「サクラサクトレイン」を走らせもした。マス媒体は活用せず，話題性の高い活動の統合的展開により，自然な形で消費者の心にメッセージが届くよう工夫された。キットカットが単なるチョコレート菓子の枠組みを超えて，「願いがかなう商品」というイメージを消費者に植え付けた[9]。

9）稲田賢次「販売促進戦略-ブランド・コミュニケーション-」伊部泰弘・今光俊介・

第4節　地域ブランドと地域ブランディング

　地域の活性化にかかわって，行政の立場から，地域の観光資源の有効活用だけでなく，新たな資源の開発としての「まちづくり」「まちづかい」が注目される。企業の立場から，地域資源を活用した商品開発による差別的優位性の獲得が注目される。地域住民は活性化が生活面だけでなく精神面での豊かさにつながるため関心が強い。

　地域マーケティングはそれらを達成する手段であり，地域特性を考慮した上で，ターゲット市場を細分化し，歴史や風土を背景とする価値観に合わせて諸活動が展開される。その出発点であり到達点でもある地域ブランドは「地域資源を利用した地域発のブランドを利用し，①買いたい（特産品），②行きたい（観光），③交流したい（産業・商業），④住みたい（暮らし）を実現しうる地域の有形・無形の資産を人々に有用な価値へと結びつけ，それにより地域活性化を図ることであり，競合する地域の差別化を意図した名称，言葉，シンボル，デザインあるいはそれらの組み合わせ」[10]である。

　地域ブランディング構築の手順は基本的には一般的なブランドと同じである。その基礎となる地域資源とブランディングとの関係をみておこう。地域にある有形無形の資源を活用して，商品やサービスを作り上げることは効率的効果的である。夕張メロン，魚沼産コシヒカリ，京野菜などの農産物や，関さば，下関のフグ，ノドグロなどの水産物だけでなく，名勝，歴史的遺産なども素材となる。知名度のある素材はそれ自体に競争力があり，地域ブランドの拡散にもつながる。それとは異なる方法として，地域そのもののブランド化も重要である。京都は歴史のあるまち，大阪は食のまち，東京は賑わいのまちという認識を消費者に抱かせることが重要となる。後者のブランディングの主体は基本

　　松井温文編著『現代のマーケティングと商業』五絃舎，2012年，99-110頁。
10)　伊部泰弘「地域ブランド戦略に関する一考察−地域団体商標制度を中心とした事例研究−」『新潟経営大学紀要』第16号，2010年，68頁。

的には公的機関が担う[11]。

---

11) 伊部泰弘「地域マーケティング－地域活性化に地域ブランドが果たす役割－」伊部泰弘・今光俊介・松井温文編著『現代のマーケティングと商業』五絃舎, 2012 年, 125-134 頁。

第4章　ブランド戦略
——刃物企業（燕三条地域）の事例から——

第1節　地域の活性化と地域企業との関わり

　地域の活性化において，地方で活躍する地域企業の役割が重要性を増している。地域企業とは，大都市ではない地方である「地域」において，活動している企業をいう。また，第3章第4節で示されているように，企業（ここでは地域企業を指す）は，地域活性化との関連において，地域資源を活用した商品開発による差別的優位性の獲得を目指している。そのためには，地域企業は，地域資源を活用した「自社ブランド」を創造し，それを活用することによる「地域そのもののブランド化」や地域のブランド価値を高める活動である「地域ブランディング」に大いに貢献していく必要がある。また，地域企業における地域への貢献は，経済活動による納税や雇用創出など多岐にわたり，地域を支える原動力となりうる。しかし，増田寛也氏によると，地方の多くの自治体で，今後人口減少などによる消滅の可能性も示唆されており[1]，地域が消滅すると当然地域企業も存続できなくなってしまう。つまり，地域と地域企業との関係は，密接に関連し，影響し合っているのである。

　そこで本章[2]は，地域の活性化や地域ブランディングに重要な役割を果た

---

1) 増田寛也氏は，2010年から2040年までの30年間で「20歳～39歳の女性人口」が5割以下に減少する市区町村は，896自治体に上ると指摘し，それら自治体を「消滅可能性都市」と表現し，これからの地方都市のあり方について警鐘を鳴らしている。詳細は，増田寛也編著『地方消滅』中公新書，2014年を参照されたい。
2) 本章は，拙稿「地域企業のブランディング手法に関する一考察—燕三条の刃物メーカーの事例研究—」『龍谷大学経営学論集』第56巻　第1号，2016年10月，1-13頁の一部を抜粋し，大幅に加筆・修正したものである。

している地域企業が地域で生き残るためのブランディング手法について，燕三条地域（新潟）の地域企業である刃物メーカー2社の事例から考えてみる。

第2節　地域企業が活躍するものづくりの街「燕三条」地域の概要

　燕三条地域は，新潟県のほぼ中央にある「県央」地域の一部に位置しており，新潟の県庁所在地である新潟市と県内第2位の人口である長岡市のちょうど中間にある。しかし，当該地域は，燕三条地域と呼ばれているものの「燕三条市」といった自治体は存在せず，燕市と三条市を合わせた地域名称である。両市の人口は，約18万人ほどであり，県央地域の中核都市群として発展を遂げている。

　燕三条地域の主要産業は，刃物や金型，洋食器など金属加工製品の製造が中心となる。また，両市は，越後平野の一端をなしており，日本有数の穀倉地帯であり，なかでもコシヒカリの一大生産地でもある。さらに，野菜（十全なす，茶豆など）や果樹（桃，ルレクチェなど）の栽培も盛んであり，工業・農業の「ものづくりの街」としても知られている[3]。このように，燕三条地域が，工業・農業などの分野における一大「ものづくりの街」として発展してきたのには，その生産技術の高さが関係している。

　工業分野においては，燕は，洋食器や刃物，ハウスウエアのような金属製品が数多く生産されており，世界水準の技術を有する企業が多数存在する。なかでも，山崎金属工業株式会社の洋食器（食卓のナイフやフォーク，スプーンなどのカトラリー製品）は，ノーベル賞授賞式の晩さん会にも使用されており，世界が認める技術の高さを誇っている。さらに，ステンレス製品の研磨技術も世界水準を誇っている。具体的には，「磨き屋シンジケート」と呼ばれる磨きのプロ集団も組織化されており，Apple社のiPodなどの製品にその磨きの技術が

---

[3]　最近では，燕三条地域は，「燕三条系ラーメン」に代表される背油ラーメンや「三条カレーラーメン」などラーメン店の集積地としても知られている。特に，「燕三条系ラーメン」は，地域と密接な関係がある。ものづくりの街であるため当然，職人が多くいる地域であり，職人が仕事の合間に食べやすくするため，麺は太く伸びないように，また背油はスープの表面を油で覆うため冷めにくいといった工夫がなされている。

活かされている。

　一方，三条は，江戸時代から三条鍛冶として発展してきた刃物（越後三条打刃物）を始めとする鍛冶製品や各種製品の金型・プレス加工品，最近では，ドライバーやペンチといった日用道具の工具類などの金属加工製品が生産されており，金属関連製品における一大産業集積地となっている。また，三条には，三条鍛冶道場といった施設が2005年に創設されている。そこでは，鍛冶や木工などに関わる後継者の育成，伝統技術の継承事業，市民を始め県内外からの研修学習施設として利用されている。特に，当施設は，燕三条地域産業の体験学習や産業観光[4]の中心的役割を果たしている。具体的には，和釘づくりや，五寸釘によるペーパーナイフづくりが体験できる施設ともなっている。そこで働く職人は，高い技術をもっており，伊勢神宮の式年遷宮に使用された和釘や金具の製造を行うだけでなく，2015年にNHKで放送された大河ドラマのセットに使用された和釘なども製造した実績がある[5]。

　このように燕三条地域は，ものづくりに関わる企業が多数集積した一大産業集積地であり，そのほとんどが地域企業で占められている。また，その地域企業の集積によって，金属加工技術のネットワークが形成され，ネットワーク内で製品の製造，卸，小売までを完結できるような企業同士の関係性を築いている地域でもある[6]。

4）　産業観光とは，国土交通省の産業観光ガイドラインによると，「全国産業観光サミット in 愛知・名古屋」（2001年開催）において，「歴史的・文化的価値のある産業文化財（古い機械器具，工場遺構などのいわゆる産業遺産），生産現場（工場，工房等）及び産業製品を観光資源とし，それらを通じてものづくりの心にふれるとともに，人的交流を促進する観光活動をいう。」と定義されているとしている。国土交通省ホームページ，http://www.mlit.go.jp/common/000013176.pdf.(2016年9月5日アクセス）。

5）　筆者が参加した三条鍛冶道場での体験講座受講時（2015年11月14日）における，同館長の長谷川晴夫氏からの説明による。

6）　中小企業金融公庫調査部・寺沢清二編著『挑戦する中小企業』中央経済社，1994年，106-119頁。拙稿「中小企業と地域ブランド」田中道雄・白石善章・南方建明・廣田章光編著『中小企業マーケティングの構図』同文舘出版，2016年，188-192頁。

第3節 「燕三条」における刃物企業2社のブランディング事例

1. 藤次郎のブランディング

　藤次郎は，新潟県燕市にあり，燕三条地域の刃物産業を担う代表的な企業である。創業は，1953年11月であり，初代社長の藤田寅雄氏が，農機具部品および農業用刃物の製造を行う藤寅農機を設立した。その後，刃物製造も行うようになり，1964年に藤寅工業と社名変更した。2006年に会社組織の変更に伴い，2代目の藤田進氏が社長を務め，以降現在に至っている。2015年7月に社名を藤寅工業から藤次郎に変更し，後述する主力製品ブランドを社名にし，ブランディングを強化している。事業内容は，庖丁（業務用・一般家庭用）・調理用品・機械特殊刃物・キッチン用品・キッチン鋏・農業用散布機ノズルなどの製造販売である。また，藤次郎では，そのような刃物を1本1本職人による手作りで製造しているところが特徴的である。主な製品ブランドは，先述の社名でもある藤次郎（和包丁・洋包丁）を主力ブランドとし，Tojiro-Pro（オールステンレスナイフ・中華包丁），TOJIRO-Color（洋包丁），藤次郎閃光（洋包丁），Tojiro Supreme（オールステンレスナイフ），富士印庖丁（業務用専用洋包丁）などがあり，総アイテム数は800を超えている。また，そのような包丁の販売・ショールームとしての役割を果たす「藤次郎ナイフギャラリー」を「藤次郎刃物工房」敷地内に2015年7月にオープンしている。そこでは，ショールームの他，厨房設備を備えた料理教室などが出来るスペースやセミナールームを設け，包丁の紹介だけでなく各種イベントも積極的に行っており，刃物の製造小売業として認識されている[7]。

　同社のブランディングの特徴は，次の2点から見出すことができる。1点目は，先述のとおり，製品名を社名にしている点が特徴的である。つまり，企業

[7) 藤次郎ホームページ，http://tojiro.net/jp/company/index.html（2016年9月5日アクセス），および，藤次郎株式会社代表取締役社長藤田進氏へのインタビュー（2015年3月11日，2015年10月31日）による。

第4章　ブランド戦略—刃物企業（燕三条地域）の事例から—

ブランドと製品ブランドを統一することで，「藤次郎ブランド」を経営の中心に据えたブランディングが展開されている。「藤次郎ブランド」の特徴は，包丁本来の品質である，「切れ味」にこだわったモノづくりにある。そのことが高く評価され，通産省のグッドデザインにも選定されたほどである。そのような包丁本来の質とデザインに誇りをもち続け，道具と調理の橋渡し役としてのポジションを確立することが「藤次郎」の目標である[8]。

写真4-1　藤次郎・ナイフギャラリーでの商品ディスプレイ

出所）筆者撮影（2015年10月31日）

そのようなブランディングの考え方は，経営理念に刻まれている。藤次郎の経営理念では，「藤次郎ブランド」を通じて，日本の刃物文化の伝承，伝統技術の継承と人財育成，食文化の交流と伝承，従業員満足を図るとともに，価値ある製品づくりによる社会貢献を使命としている。つまり，経営理念そのものが藤次郎におけるブランドの考え方を示したものとなっており，藤次郎のブランディングの指針である。また，ナイフギャラリー内の厨房設備を使って，燕三条地域の食にちなんだ料理教室なども実施し，食文化の交流と伝承といった理念を，具現化し，実践している[9]。

2点目は，製造業と小売業を併せもつ業態特徴である「製造小売業としてのブランディング」を実践している点にある。まず，製造業としてのブランド認知においては，モノづくりの現場を一般開放するオープンファクトリーを実践し，ブランディングに役立てている。予約すると工場内の見学が可能であり，刃物製作の過程や職人の方々の熟練した技を目の当たりにみることができる。このようにモノを「作る工場」としてだけでなく，モノづくりを「見せる工場」

8）同上ホームページ，インタビューによる。
9）同上ホームページ，インタビューによる。

としての機能を実践することで藤次郎という企業ブランドと製品ブランド双方のブランドイメージの向上に役立てている。次に，小売業としてのブランド認知においては，藤次郎の刃物製品の販売や燕三条地域の企業として燕三条製品をPRする目的で設立されたナイフギャラリーの活用がある。ここでは，藤次郎製品の認知と販売を目的としたショールームの他，キッチンスタジオ，セミナールームを完備した複合施設として，ものづくりを発信する場を展開している。さらに，写真4-1のように包丁をショーケースに入れてディスプレイするなど，付加価値を高めるためのブランディングを実践している[10]。

つまり，藤次郎は，「自社や自社製品をブランディングする」だけでなく，燕三条地域のビジネス客や観光客に「見せる工場」「見せるショールーム」を実践することで「燕三条地域をブランディングする」ことにも貢献している点が挙げられる。これは，産業観光の視点を取り入れた新たな経営手法であり，藤次郎のような製造小売業でなければ困難な経営手法である。

2. 諏訪田製作所のブランディング

諏訪田製作所は，1928年に新潟県三条市で創業している。同社も藤次郎と同様に燕三条地域を代表する刃物企業である。初代社長の小林祝三郎氏が，関東大震災後の住宅復興需要に合わせて大工職人向けの「喰切(くいきり)」（両側の刃がぴったりと合わさって対象を切るという刃物）を製造したのが始まりである。1974年に，株式会社諏訪田製作所を設立し，代表取締役に二代目の小林駪一氏が就任した。また，1997年以降，現在まで三代目の小林知行氏が務めている。主要事業は，刃物の中でもその喰切の技術を活用した「爪切り」の製造・販売である。さらに，その技術を応用し，栗の皮むき鋏の「栗くり坊主」という商品や盆栽用鋏なども製造・販売している。特に，主要製品である爪切りは，一般的な爪切りの形状をしておらず，ニッパーの形をしているところにその特徴がある。それは，前述した「喰切」の製造が爪切り製造の基になっているためである。

また，爪切りの製造工程は，鍛造（鉄を熱して叩き，固く強くしながら形を作る），

10）同上ホームページ，インタビューによる。

部品加工（鍛造した爪切りの部品を2本組み合わせるため，ドリルで穴あけし，溝を切る），研磨・研削（爪切りを削って成形し，磨いて表面をきれいに仕上げる），合刃・刃付け（ヤスリを使って左右の刃をぴったりに合わせるとともに刃を研いで鋭くする），検品（完成した爪切りのキズの有無や切れ味を調べる）があり，その工程1つ1つを職人が手作業で行っている。このように同社の爪切りは，職人によって1つ1つ手作りされていることが特徴的である。また，その職人の技は，爪切りの切れ味となって表れている。通常，普通の爪切りを使って爪を切った場合，「パチパチ」と音がする。音がした方が「爪を切ってさっぱりした」という感覚が脳裏に残り気持ちが良いと思いがちである。しかし，爪を切った時の音は，実は爪を微妙に傷つけてしまっていることはあまり知られていない。その点，同社の爪切りは，爪を切る際にほとんど音がせず，切れ味も鋭いため，爪をあまり傷めることなく切ることができる。また，良く切れる爪切りの証しとして鍛造の時にバリという部分を残して製造されている。バリとは，爪切り本体になる必要な部分を抜き取った余りの部分で通常廃棄される。鍛造品は，真ん中に質の良い部分ができるため，周りにあえてバリを残すことで良く切れる爪切りを製造している。また，バリなどの廃材を有効活用したブランキングアートの創作，展示も行っている[11]。

　同社のブランディングの特徴は，次の2点から見出すことができる。1点目は，「オープンファクトリー」と「ファクトリーショップ」を活用した「見学者や顧客との良好な関係性構築によるブランディング」が挙げられる。同社は，藤次郎と同様にその業態特徴として，「製造小売業」の形態を取っている。まず，製造業としては，爪切りの製造工程1つ1つにおいて職人の技をガラス越しにみることができる「スワダオープンファクトリー」を実践している。特に，工場全体の内装にもこだわり，鉄をイメージした黒を基調とし，メインファクトリー（研削・研磨・仕上げの工程），ファクトリーⅡ（鍛造工程），ファクトリー

11）諏訪田製作所パンフレット，諏訪田製作所ホームページ，http://www.suwada.co.jp/（2016年9月9日アクセス），および，筆者が2015年12月12日と2016年5月15日に伺った株式会社諏訪田製作所製造部清田昌布氏の案内のもと企業内見学中に受けた話による。

Ⅲ（ギャラリー）のすべてにおいて予約をすれば自由に見学できる。また，ファクトリーⅡとⅢにおいては，揃いのユニフォームを着た職人の手作業1つ1つがガラス張りの通路から，また，通路に設置されたモニター越しにも拡大してみることができ，細かな技を間近にみることができるよう工夫されている。つまり，同社におけるハンドメイドのものづくりのぬくもりを五感で感じてもらえるような「クラフトマンシップ」が，見学者や顧客との良好な関係性を構築している。次に，小売業としては，同社製品が展示販売されている「スワダファクトリーショップ」がある。そこでは，写真4-2のように爪切り1つ1つがケースに入れられてディスプレイされており，高級感を演出する工夫がなされている。また，爪の試し切りも可能であり，ニッパー型の爪切りの感覚や切れ味を肌で体験できる。

2点目のブランディングの特徴としては，「ブランドマークへのこだわり」がある。そのブランドマークは，図4-1で示された「テンマルマーク」と呼ばれている。点と丸は，日本語にしか存在しない文字であることから，「メイドインジャパン」にこだわり，日本にしかない，同社にしか出来ない製品を提供していることに誇りをもち続けていることをマークとして表している。特に，

写真4-2 諏訪田製作所ショップでの商品ディスプレイ

図4-1 諏訪田製作所のテンマルマーク

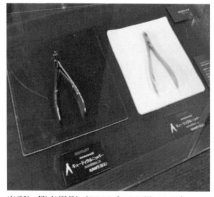

出所）諏訪田製作所ホームページ，http://www.suwada.co.jp/index.html#history（2016年9月9日アクセス）

出所）筆者撮影（2015年12月12日）

同社は，刃物は道具の原点であり，人類の歴史が始まった時から生活に欠かせない物として存在し，またそれを通じて文化が出来てきたことに敬意をもち，「過去から未来へと続く人の想いと行動のリレー」に役立つことを使命としている。また，ブランドマーク全体が赤字になっており，それは鍛冶屋に欠かせない炎を表していることも，刃物づくりに誇りをもち続けていることの証でもあり，そうした想いが「テンマルマーク」として表現されており，目にみえる形でのブランディングを実践している[12]。

つまり，諏訪田製作所のブランディングは，爪切りを通じて燕三条地域を代表する刃物製品の製造小売業として，藤次郎と同様に「見せる工場」「見せるファクトリーショップ」を実践することで自社のブランディングのほか，燕三条地域のブランディングや産業観光にも大いに貢献している。

第4節　地域企業が地域で生き残るためのブランディング

本章では，地域の活性化や地域ブランディングに重要な役割を果たす地域企業のブランディングについて，燕三条地域の刃物メーカーの事例から考察した。刃物メーカーの2つの事例の共通点は，製造業のみならず，販売を含めた製造小売業へと発展していく過程において，ブランディングを強化していることにある。また，刃物産業という地域産業の担い手としての誇りをもち続け，地域企業の新たな役割として，地域の産業を観光に結び付ける「産業観光」の視点を積極的に自社で取り入れ，地域ブランディングに貢献していることも共通した取り組みである。また，地域企業は，地域を構成する一員として，自社ブランディングのみならず，地域のブランド価値を高める地域ブランディングに積極的に関わっていく必要がある。そのなかで，産業観光の視点を取り入れ，自社の事業を観光の視点から見直し，「見せる工場」，「見せる店舗」を展開していくべきである。

---

12) 同上パンフレット，ホームページ，見学中の話による。

つまり，地域企業が生き残るためのブランディングとは，

> ①産業観光の視点から自社の事業の見直しを行い，
> ②地域ブランディングに積極的に参画することで，
> ③地域との連携を深め，地域企業のブランディング強化を図る。

といった3つのステップが必要である。

　特に，地域企業のブランディングは，自社のみならず，地域のなかにおける自社のポジショニングを明確にし，地域との連携は欠かせない。また，そのようなブランディング推進には，トップの決断が何よりも重要となろう。

謝辞
　藤次郎株式会社代表取締役社長藤田進氏および株式会社諏訪田製作所製造部清田昌布氏には貴重な話を伺った。ここに改めて感謝の意を表したい。

第5章　価格戦略

第1節　価格の概念

　現代社会においては，人々に有益な製品の価値は，貨幣的表現の価格によって表示される。つまり価格とは製品の価値を貨幣で表そうとするものであり，希少性の尺度となる。それは，ある製品と他の製品とが交換される場合に獲得できる量を示す交換価値である。一般的には価格は需要と供給に依存するとされるが，製品が少ない場合には価格が上昇し，消費が少なくなる。反対に，製品が多い場合は価格が下落するので消費が喚起され多くなる[1]。

　しかし，現実の世界における価格は，このような需要と供給の市場関係によって規定されるばかりとは限らず，政府や企業の思惑の下に恣意的に決定される場合もある。市場支配力をもつ企業は，需給条件を有利に操作して自社にとって都合の良い価格戦略を展開できる。

　価格設定主体者の観点からは，価格の形成・設定の制度的条件を4つに分類できる。1つ目は，農産品などの第一次産業に代表される生産物に典型的な需要と供給の市場条件が強く反映される価格である。2つ目は，政府によって決定される公定価格や公的機関によって認可・統制される価格である。3つ目は，自動車や家電製品などの一部の工業製品にみられる寡占企業による管理価格である。4つ目は，スーパーマーケットや百貨店などの大規模小売商業者がメーカーや納入業者に対して発揮するバイイング・パワーとの関連で設定される価格である[2]。

---

1) 拙稿「価格戦略−新しい低価格戦略−」伊部泰弘・今光俊介・松井温文編著『現代のマーケティングと商業』五絃舎，2012年，73頁。
2) 岩永忠康『現代マーケティング戦略の基礎理論』ナカニシヤ出版，1995年，124-125頁。

第2節　価格設定の要因と目標

　企業が価格設定を行う場合には，自社を取り巻く2つの環境要因を把握する必要がある。まず，内部統制が可能であることを意味する内部環境要因として，価格設定の目標，製品コスト，マーケティング・ミックス，マーケティング組織などがある。そして，内部統制が不可能であることを意味する外部環境要因として政治や経済，需要，競争などがある。とりわけ，前者の製品コスト，後者の需要，競争が最も基本的な要因である[3]。

　製品コストは，原材料費，労務費，経費からなる製造原価に販売費や一般管理費を加えたものである。製品コストを基準にして販売する際の下限が規定される。

　需要は，供給と連動して市場を形成する。競争が正常に機能している市場では，需要は価格上昇に伴って減少するか，価格下落に伴って増大する。これによって発生する需要変化の割合は需要の価格弾力性と呼ばれ，価格設定に大きな影響を与える。需要の価格弾力性は，価格が1％変化した際に需要が何％変化するかを表したものであり，需要の変化率を価格の変化率で割った絶対値で示される。値が1より大きい場合は弾力性も大きく，需要が価格の変化に敏感に反応する。一方で，値が1より小さい場合は弾力性も小さく，価格を変更してもほとんど需要は変化しない。一般的に，宝飾品などの専門品は価格弾力性が大きく，米や野菜などの最寄品は価格弾力性が小さい。

　競争とは，同一カテゴリー内の企業が，同じ物的特性を有する製品を生産しているために自社製品を売り込もうと同じ対象消費者を奪い合っている状態である。そこで，マーケティングを遂行する各企業は，製品そのもの以外での特徴で差別化を図る[4]。

---

[3] 同上，126頁。
[4] 石原武政『マーケティング競争の構造』千倉書房，1988年，57-58頁。

価格設定は，これらコスト，需要，競争を中心とした環境要因を念頭に置いて，企業として目標を定めて行われる。価格設定の目標が不明確であれば，具体的な設定は困難である。製品コストを基準に，販売量や利潤を予測し，買い手や競争企業の反応などを考慮して，複数の代替案の中から最終的な価格に絞り込まれる。その際の指針となるものとして次の6つの目標が示される[5]。

1つ目は，期間利益が最大になるように価格を設定する利益の極大化である。2つ目は，投下資本の回収ができるように目標利益率を設定する。3つ目は，市場における自社の販売額であるマーケット・シェアが最大となるように価格を設定する。4つ目は，生産コストや需要に多少の変動があろうとも，業界の価格秩序を維持するべく価格競争を避けるように設定する。5つ目は，業界の実勢価格に合わせて価格を設定して，競争への対応をはかる。6つ目は，消費者の価格に対する反応に即応しつつ，需要の価格弾力性を念頭においた価格設定を行う。

第3節　価格設定の方式

前節で確認したように，6つの設定目標を考慮しながら価格は決定される。コスト，需要，競争の3要因のうち，いずれを重視するかによってコスト重視型価格設定方式，需要重視型価格設定方式，競争重視型価格設定方式に大別できる[6]。

●コスト重視型価格設定方式

コスト重視型価格設定方式は，製品の仕入原価，あるいは製造および販売に要したコスト（経費）に利益を加えた価格設定方式である。これらは，コスト・プラス方式，目標利益方式，損益分岐点方式の3つに大別できる[7]。

---

[5] 岩永忠康，前掲書，127頁。
[6] 同上，128頁。
[7] 日本マーケティング協会編『マーケティング・ベーシックス』（第2版）同文舘，2001年，147-149頁。

コスト・プラス方式（原価加算方式）は，原価に一定のマージンを加算して価格を決定する。マージンとは販売価格から製造原価を差し引いたもので粗利益（グロス・マージン）とも呼ばれる。原材料費，労務費，諸経費からなる製造原価に一定の利幅を加えたものが販売価格となる。また，流通業者の場合は，仕入原価にマークアップ率を加算して販売価格を決定する。これもコスト・プラス方式の1種である。

目標利益方式は，今期の目標利益をあらかじめ固定費に含ませて平均原価を求める。前年度の総コストを総販売量で割れば，前年度の平均原価が求められる。したがって，総コストに今年度の目標利益を加えて平均原価を求める。つまり，この方式に従えば，今年度の総販売量実績が前年度を上回れば黒字となり，逆に下回れば赤字となる。販売量目標は，前年度比で○％アップという形で表現される。

損益分岐点方式は，あらかじめ販売量と収支の関係を明確化する必要がある場合に採択される。固定費が大きく，生産量や販売量によって単位当たりの原価が大幅に異なる場合に有効である。損益分岐点とは，総収入と総費用とが一致する点である。この場合，収支のプラス・マイナスは0となる。この点より販売量が上回る場合は利益が生まれ，下回る場合は損失が生じる。

●需要重視型価格設定方式

需要重視型価格設定方式は，コストを意識しつつも，需要，つまり消費者の価格に対する認識に重きをおいた価格設定の方式である。これらには，以下(1)～(3)の消費者が知覚する製品価値を基準にするものと，(4)～(7)の消費者が価格に対して抱く心理を基にするものに分けられる[8]。

(1) 知覚価格法

消費者が製品にどれだけの価値を知覚するかに基づいた価格設定法である。すなわち消費者が支払ってもよいと考える上限価格の予測が必要である。競合製品の価格帯から推計したり，市場調査によって知覚価値を測定する。

---

[8] 岩永忠康，前掲書，129-130頁。

この方法に基づけば，ある製品に対する消費者の価値評価や価格評価を市場に導入する前に把握できる。したがって試作段階で軌道修正ができ，事前の製品改良や利益計算に役立てられる。しかし，この方法は消費者が製品の品質や価格に関する知識を一定程度有していることが前提となる。したがって，消費者が製品価値への関心が希薄な場合や，品質を理解していない場合は予測が困難となる[9]。

(2) 慣習価格法

社会的な慣習によって一定の価格が維持されてきた価格設定法である。長期間に渡って価格が安定した製品は，消費者の心理に深く刷り込まれる。ひとたび慣習価格が形成されると，それ以上の価格にすれば需要は減少し，それ以下の価格にしても需要の伸びはなくなる。消費者側に形成された，慣習化した価格に基づいて価格設定をするものであり，ガムや自動販売機で販売される清涼飲料水，菓子パンの価格が代表的な事例である。

(3) 差別化価格法

市場を需要の度合いが異なるいくつかのセグメント層別に分類できる場合に，同一製品であっても異なる価格を設定する方式である。異なるセグメントでは需要の強弱も異なり，同一製品であっても異なる価格設定ができる。異なる仕上げ（＝製品形態），映画館の座席（＝場所），大人と子供別の料金（＝対象），季節や時期による利用料金（＝時間帯）によって価格に差異を付けられる。

(4) 端数価格法

消費者の心理を巧妙に利用した方法である。10,000円，2,000円といったキリの良い数よりも，9,800円，1,980円といった端数を価格に設定して，実際の価格差以上に消費者が割安感を感じるように仕向ける。端数価格を最も目にする機会があるのが，スーパーマーケットであろう。98円，198円などが太く朱書きされたPOP広告が消費者を惹き付ける。価格末尾を端数にして，消費者の購買意欲を刺激する。

9）成田景堯「企業の価格政策」成田景堯編『京都に学ぶマーケティング』五絃舎，2014年，78頁。

(5) 名声価格法

消費者にとって製品品質の評価が困難な場合には，価格によってその品質をはかろうとする。高級ブランド衣料，宝飾品，高級乗用車，美術品などが該当し，「価格が高い製品こそ価値がある」と思わせる価格設定手法であり，贅沢品や希少性の高い製品に当てはめやすい。高価格の設定は，製品価値が高められ名声を得られる。これらの製品は，逆に価格を低く設定し過ぎると偽物と消費者に思われて敬遠される。

(6) 価格ライン法

製品が選択されやすいように，価格帯を数種類に分けて価格設定する方法である。品質に基づいて低価格品，中価格品，高価格品のそれぞれに分類するのが一般的であるが，結局消費者は高くも安くもどちらでもない中価格品を選択する。日本の場合は，松竹梅で価格帯が分けられている場合が多い。持ち帰り弁当チェーンを展開するオリジン東秀は，従来1種類だった幕の内弁当を，2012年9月に450円，上490円，特上690円の3種類に増やした。すると490円の中価格帯の上幕の内弁当が一番の売れ筋となり，2013年2月の売上は前年同月比で78％増となった[10]。

(7) 特価品法

販売促進を目的として，特別に低い価格設定を行った製品を取り揃える方法である。この特価品は，消費者には目玉製品として機能しロス・リーダーとも呼ばれるが，原価割れするなどで利益が出なくとも他の製品の関連購買を促進して，損失を取り返せる。

● 競争重視型価格設定方式

競争重視型価格設定方式は，コストを念頭におきながらも，競争企業の価格を基準に自社の価格を導き出す。主なものとして，実勢価格法，入札価格法がある。

---

10)『日本経済新聞（web版）』2013年3月12日，http://www.nikkei.com/article/DGXNASGF0702S_X00C13A3000000/（2016年8月1日アクセス）。

(1) 実勢価格法

特定業界を牽引する企業が存在する場合は，その企業が決定する価格が業界標準となる。プライス・リーダーと呼ばれる業界のトップ企業が決定する価格は，業界内の製品価格に影響を及ぼすので同業他社は追随せざるを得なくなる。プライス・リーダーに追随する，業界で2位以下の企業はプライス・フォロワーと呼ばれる。プライス・リーダーが製品の値下げを行った場合には，プライス・フォロワーも値下げせざるを得ず，利幅が少なくなる。逆にプライス・リーダーが高価格を選択した場合には，プライス・フォロワーは値上げをする。ここでの各社は，非価格に重点をおいた競争を行う。

(2) 入札価格法

入札によって価格と受注者を決定する方式である。入札とは，物品の売買や工事請負において契約を希望する企業が複数存在する場合に，発注企業が提示する条件に最も有利な内容を示した1社に絞り込む方式である。

第4節 新製品の価格設定

新製品を市場投入する際の価格設定の方法には，上層吸収価格戦略（上澄み吸収価格戦略）と市場浸透価格戦略がある[11]。

上層吸収価格戦略は製品ライフサイクルの導入期の時点で高価格を設定して，競争企業の参入以前に市場における上澄みを取り込み，それ以降は徐々に価格を下げる方式である。この方式は，革新的な新製品の市場投入の際に採択される。冒険心にあふれ新しいものを積極的に採用するイノベーター（革新者）の需要は非弾力的であるのでこの方式は大変有効である。彼らや高所得者層の購買が期待できるので，新製品開発のコストやプロモーションに要するマーケティング・コストを短期間で回収でき，同時に利益の確保も試みるのが上層吸収価格戦略である。例えば，ブルーレイ・ディスクプレーヤーや薄型大画面TVなどには上層吸収価格戦略が採択され，その後の成長期や成熟期を迎える

---

11) 岩永忠康，前掲書，133頁。

につれて価格が引き下げられていった[12]。近年ならば，専用のヘッドマウントディスプレイを装着して360度に渡って映像をみられる，ヴァーチャルリアリティ用のAV機器などが該当するであろう。これらの製品は，その後の競争激化によって過当な値下げ競争に陥りやすく，製品ライフサイクル全体での収益構造では，上層吸収価格戦略が展開される導入期で事業全体の収益を見込んでいる。

　もう一方の市場浸透価格戦略は，新製品の市場投入の際，つまり製品ライフサイクルの導入期に低価格で製品の販売を行って，市場への浸透を一気に試みる。競争企業に先んじて市場を制して彼らの参入を抑制する効果が期待できる。市場浸透価格戦略が有効なのは，需要の価格弾力性が高い製品である。安価な新製品を求める需要が潜在的に見込めるのであれば，大量生産で単位当たりのコストを下げて製品価格を抑制できるので有効である。低価格で新製品を投入すれば爆発的に大量のシェアを獲得でき，大量販売での累積生産量の増加によるコストダウンで低価格のままでも利益を獲得できる。短期的には損失を被っても長期的には利益が得られる。

第5節　価格管理

　企業が長期的に安定した利潤を確保するためには，価格戦略よって設定された価格が適切に管理される必要がある。価格管理は生産者レベルから始まって流通のレベルにまで及ぶ必要がある。

●生産段階における価格管理

（1）独占価格

　完全競争市場とは異なり，独占市場では独占企業のみが販売を行う。競合が自社より低い価格設定をする心配がないので，独占企業は，利益を最大化する価格をつける。化粧品，医薬品などは再販売価格維持制度（小売業者などに対す

---

[12] 平野英一「マーケティング・ミックス戦略」西島博樹・片山富弘・岩永忠康『現代流通の基礎』五絃舎，2011年，162頁。

る自社製品の販売価格の指示・遵守）の指定を受けて，独占的な要素を帯びた保護を受けていたが，現在では指定を取り消されている[13]。

(2) カルテル

同種の製品を製造する異なる企業が，生産数量の調整や価格に関する協定を締結して，市場支配を試みる協調行為がカルテルである。カルテルが結ばれると競争原理が機能しなくなり，製品価格が高止まりする。消費者は価格による製品選択が困難となり，本来ならば安く買い求められる製品に高い金額を支払う結果となる。このようにカルテルは，製品価格を不当に釣り上げ，非効率な企業を温存して経済の発展を阻害するので，独占禁止法によって禁止されている[14]。例えば公正取引委員会は2016年7月26日に，ハードディスク駆動装置（HDD）に使われるサスペンションという板バネ状の部品で価格カルテルを結んでいた疑いがあるとして，国内の精密部品製造大手で東証1部のTDKとニッパツを独占禁止法違反（不当な取引制限）容疑で立ち入り検査した[15]。

(3) 価格先導制

上述のとおり，価格設定に対する企業の協調行動は独占禁止法によって禁止されている。その一方で，暗黙の了解の下で行われる価格面での協調行動に価格先導制がある。少数の大企業が高いシェアをもつ寡占状態にある場合に多くみられる。業界で主導的な立場にある寡占企業が最初に価格決定した後に，他の企業がその価格に相乗りする。ここで設定された価格がカルテルに代わる実質的な管理価格に他ならない[16]。

---

13) 公正取引委員会「再販適用除外制度」，http://www.jftc.go.jp/info/nenpou/h12/12kakuron00002-11.html（2016年8月1日アクセス）。
14) 公正取引委員会「不当な取引制限（カルテル）」，http://www.jftc.go.jp/ippan/part2/act_02.html（2016年8月1日アクセス）。
15) 『朝日新聞（web版）』2016年7月27日，http://digital.asahi.com/articles/DA3S12481380.html?_requesturl=articles/DA3S12481380.html（2016年8月1日アクセス）。
16) 岩永忠康，前掲書，136頁。

●流通段階における価格管理
(1) 再販売維持価格
　再販売価格維持とは，生産企業などが，卸売業者や小売業者に対して販売価格を指示して遵守させる行為である。生産者が販売業者に契約を締結させて，それに反した場合に違約金徴収や取引停止の制裁を科す再販売価格維持契約によって成立する価格が再販売維持価格である。販売業者の価格設定の裁量を制限するこの制度は独占禁止法に違反している。

(2) メーカー希望小売価格（標準小売価格）
　生産者が設定した標準的な製品価格を販売業者に提示すれば，独占禁止法に抵触せずに済む。この建値制によって決定されたものがメーカー希望小売価格（標準小売価格）である。これによって小売段階での自社製品の値崩れを防ぎ，ブランド・イメージの維持を図る。

(3) オープン価格
　オープン価格とは，生産者が出荷価格のみを設定し，卸売業者や小売業者はそれぞれの裁量で自由に価格設定を行う方式である。直上の，生産者が希望小売価格を設定する建値制では，生産者によって提供されるリベートが小売業者の値引きの原資となっていた。しかし，近年では，家電量販店やディスカウント・ストアでの値下げ競争が激化して希望小売価格制度が崩壊している。製品のブランド価値の低下や短命化，計画的生産の困難を回避する点で採択されている。

●業者間取引価格戦略
　上述の生産段階における価格戦略と，流通段階における価格戦略を補完するものとして業者間取引価格戦略があげられる。すなわち，生産者と販売業者との間で行われる二次的な価格戦略であり，チャネル戦略に基礎をおいた価格競争である[17]。

(1) 割引戦略
　製品の表示価格から取引状況に応じて一定額を割引いて販売促進を図る。製

---
17) 同上，138–139頁。

品の表示価格から割引く「業者割引」，大口取引に対する「数量割引」，現金払いに対する「現金割引」などがある。

(2) リベート戦略

一定以上の売上実績があった販売業者に対して，事前に取り決めた条件で取引代金を払い戻す仕組みがリベートである。取引実績に相応する形で支給される「販売促進的リベート」，販売能率や店頭陳列の位置などの販売努力に報いる「報奨的リベート」，生産者の指示価格通りに販売してもらう手段としての「統制的リベート」などがある。

第6章　価格戦略
―水産物企業の事例から―

第1節　水産物流通と価格形成

1. 水産物の流通構造

　多種多様な商品特性を有する水産物を産地から消費地に絶え間なく安定的に供給するため，水産物は卸売市場を経由し，流通されている。水産物流通において卸売市場が介在する背景には，水産物商品の多様性と漁業生産者の零細性が背景にある。水産物は，魚種や用途などが多岐にわたっており，規格化も困難であるといった商品特性を有している。また，漁業生産者は，小規模・零細な事業者が全国に分布していることから，新鮮な水産物を安定的に供給することが困難であるという特徴もある。このような特徴を有する水産業において，卸売市場は消費者に対しては水産物を迅速かつ安定的に供給する一方，漁業生産者に対しては確実で速やかな販路を提供するという役割を担っている。すなわち，水産物流通において卸売市場は生産と消費をつなぐ架橋の役割を果たしている。

　こうした卸売市場は，産地卸売市場と消費地卸売市場に区分される。産地卸売市場は，小規模・零細な漁業生産者が漁獲した水産物を集荷し，それを生鮮・加工用などの用途別に分荷する役割を担っている。これに対して消費地卸売市場は，産地の出荷業者から水産物を受け取り，小売店や外食チェーンなどに分荷する役割を担っている（図6-1）[1]。このように水産物流通は，2段階の卸売市場を経由して行われるのが一般的であり，こうした流通形態を市場流通という。水産物流通において市場流通は基幹的な流通経路として重要な役割を果た

---
1) 魚の消費を考える会編『現代サカナ事情』新日本出版社，1997年，83頁。

してきた。しかし，近年市場流通によって供給される水産物の割合は減少傾向にあり，その経由率は1990年の72.1％から2013年には54.1％までに落ち込んだ[2]。すなわち，水産物流通は卸売市場を通さない市場外流通の比率が高まる傾向にある。このような市場外流通の拡大は，スーパーマーケットなどの大型量販店が流通コストを削減するために，市場外からの調達を拡大してきたことや，輸入水産物の増加が大きな要因となっている[3]。市場外流通の拡大に伴い，水産物の流通経路は多様化・複雑化しており，この過程で水産物流通は卸売市場を排除したいわゆる「中抜き」が進んでいる。

図6-1　水産物の主な流通経路

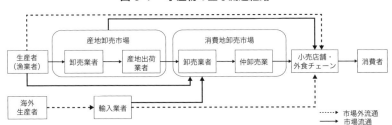

出所）水産庁編『平成27年版 水産白書』農林統計協会，2015年，101頁を一部加筆・修正して作成。

2．水産物の価格形成

　水産物流通において卸売市場は，水産物を安定的に供給するためにさまざまな機能を果たしてきた。その中でも最も重要な機能が生産と消費をつなぐ中継機能である。そして，もう1つの主要な機能が価格形成機能である。これは需給を反映し，迅速かつ公正な評価による透明性の高い価格形成をすることである。水産物における価格形成は，まず産地卸売市場で主に水揚量の多寡を基にせりまたは入札によって産地価格が形成され，消費地卸売市場では産地価格

---

2) 農林水産省編『平成27年版 卸売市場データ集』2016年，34頁。
3) 出村雅晴「マグロの需給と価格形成をめぐる動向」『農林金融』第61巻第3号，2008年，151頁。

を参考として消費地価格が形成されてきた[4]。すなわち，水産物における小売価格は，川上（産地）の産地価格と連動して形成されていた。

こうした仕組みは，1979年以降から大きな変化を迎えることになる。これまで一般家庭での水産物の購入先が一般小売店（鮮魚店）からスーパーマーケットに移行するにつれ（図6-2），これまで水産物の価格形成において大きな役割を果たしてきた卸売市場の地位は低下の一途を辿ってきた。従来，水産物の購入先として高いシェアを占めていた一般小売店は仕入れロットの小さい小規模事業者が多数存在していた。そのため，水産物の仕入れにおいては卸売市場に大きく依存していたことから，水産物の価格形成メカニズムは卸売市場を中心に構築されていた。しかし，大量仕入れによる低価格販売を志向するスーパーマーケットが主要な水産物の購入先として台頭してきたことにより，水産物の価格形成力も次第に卸売市場からスーパーマーケットへと移行してきた。スーパーマーケットを中心とした価格形成メカニズムは，水産物の産地価格の形成においても大きな影響を及ぼしている[5]。

水産物の価格形成において影響を与えているもう1つの要因として輸入水

図6-2 水産物購入先の変化

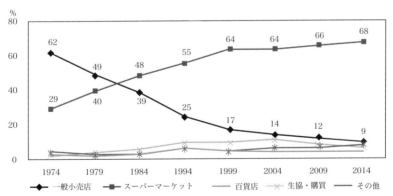

出所）総務省「平成26年 全国消費実態調査」（2人以上の世帯，全国）より作成。

4）板倉信明「魚価形成における近年の変化と漁業生産サイドの課題」『北海道大學水産學部研究彙報』51（2），2000年，113頁。
5）濱田英嗣『生鮮水産物の流通と産地戦略』成山堂書店，2011年，12頁。

産物の増加が挙げられる。日本における水産物の国内消費量のうち，輸入水産物の割合は54.3％（2014年）[6]を占めている。このため，輸入水産物の価格動向も国内水産物の価格形成において大きな影響を及ぼしている。

第2節　水産物の価格戦略

1．水産物の価格設定方法
（1）せり・入札取引による価格設定

水産物の価格設定において基本となるせり・入札取引は，売り手の卸売業者が複数の買い手を競い合わせ，売り手に有利な価格を提示した買い手に商品を販売する取引方法である。この取引は，漁業生産者から販売委託を受けた卸売業者が卸売市場で行うのが一般的である。価格設定においては，産地での水揚量と市場での消費動向などを参考に，売り手が多数の買い手に競争で価格をつけさせ，そのなかの最も高い価格が水産物の価格として決定される[7]。

せり取引と入札取引は多数の買い手を競争させて価格を決定するという点では共通するところが多いが，価格形成過程という点では大きな違いがある。例えば，せり取引では買い手が提示した価格をすべて公開するのが基本原則になっているため，買い手は競争相手の提示価格をみながら価格競争することになる。一方，入札取引では落札者が決定されるまで価格は非公開になるので，買い手は過去のデータを参照しながら価格を提示することになる。

水産物の流通環境が目まぐるしく変化しているなか，せり・入札取引による水産物の販売は減少傾向となっており，2014年度にはわずか17.6％（金額ベース）[8]にとどまった。このように水産物の価格設定方法として，せり・入札取引の地位は相対的に低下してきた。しかしながら，マグロなどの水産物の価格

---

6) 農林水産省「平成26年度 食料需給表」，http://www.maff.go.jp/j/tokei/kouhyou/zyukyu/（2016年8月5日アクセス）。
7) 安原好一「価格戦略」齋藤典晃・松井温文編著『最新マーケティング』五絃舎，2015年，85頁。
8) 農林水産省編，前掲資料集，39頁。

形成においては今日でもせり・入札取引が中心となっている。

(2) 相対取引による価格設定

従来，水産物における価格は，一部例外的な場合を除いてほとんどがせり・入札取引によって決定された。しかし，市場外取引が増加するにつれて水産物の価格設定方法もせり・入札取引から相対取引に変わってきた。近年では多くの水産物が相対取引によって価格が形成されている。水産物の価格設定方法として定着してきた相対取引は，売り手と買い手が一対一で交渉し，双方が納得する水準の取引条件を定めて売買を行う取引方法のことをいう[9]。この取引で決まる相対取引価格は，直近の市場相場を参考にしており，せり・入札取引価格より高く設定されることが多い。

こうした相対取引が増加してきた背景には，スーパーマーケットなどの大型量販店や外食チェーンなどの大口需要者の登場が挙げられる。これらの大口需要者は計画販売を基本としているため，安定した商品の確保が不可欠である。せり・入札取引では，競争相手との競り合いの過程で十分な数量が確保できない可能性があることから，売り手と直接取引することで商品を安定的に確保できる相対取引が適している。さらに，需給によって価格が激しく変動するせり・入札取引に比べて安定した価格水準を維持できることも相対取引の増加に大きな影響を及ぼしている。

2. 水産物流通における価格戦略

企業の競争戦略において価格戦略は重要な要素である。価格は企業の収益に直結するのはもちろんのこと，顧客に対する強いメッセージ性ももっているからである。そのため，企業は自社を取り巻く環境に応じて適切な価格戦略を講じる必要がある。これは値下げ競争が激化している水産業においても例外ではない。

従来の水産物価格はせり・入札取引によるものが多かったため，漁業生産者自らが価格を設定することはできず，卸売市場での需要と供給のバランスを考慮した競争取引によって価格が決定されてきたため，水産物の価格形成メカニ

---

[9] 卸売市場法第34条の2第1項第2号による定義である。

ズムは価格戦略を講じにくい構造となっていた。しかし，相対取引や市場外流通が増加するにつれ，買い手との直接交渉が可能となったため商品価値に応じて価格戦略を講じることが容易になった。こうした変化をきっかけに，漁業生産者は自らが漁獲した水産物に特徴をもたせて競合商品との差別化を図りつつ，自社にとって有利な価格設定に取り組んでいる。例えば，関さばや下関トラフグなどのようにブランド化を行うことにより，消費者に高付加価値を提供し，高価格の水産物を提供する企業はもちろん，流通コストを抑えて，消費者が求めやすい価格で水産物を提供する企業も現れている。

第3節　水産業の価格戦略の事例

1. 重福水産による価格戦略の事例

（1）重福水産の概要

　昭和初期より金沢の地で，底曳網漁船と定置網船を所有する網元として漁業を営んでいる株式会社重福水産（以下，重福水産と略す）は，漁業生産者でありながらも，「金沢港いきいき魚市場」の中に店舗を構え，水産物の卸売から消費者への販売までの全てを自社で行っている。水産物の流通経路は産地卸売市場と消費地卸売市場を経由する長い流通経路を有するとともに，産地と消費地間の価格格差が大きいという特徴がある。そこで，重福水産は水産物の流通経路を簡素化し，水産物の流通にかかるコストを低減させて消費者に適正な価格で水産物を提供するために全ての工程を自社で一貫管理している。

　また，重福水産は漁獲した水産物を活け締め[10]という方法で処理し，高い鮮度の水産物を消費者に提供している。重福水産が漁獲する水産物の中でも黄アジは鮮度が高いことで評価され，「じゅうふくアジ」という名で石川県内外の料理店などで好評を得ている。そして，自社が漁獲した水産物に加え，金沢中央市場からも水産物を仕入れて豊富な水産物を消費者に提供している[11]。

10）活け締めとは，活き締めとも呼ばれ，漁獲した魚の延髄を切断することで，魚の鮮度を保つために行う処理方法の一つである。
11）重福水産ホームページ，http://www.juufuku.jp/（2016年9月5日アクセス）。

(2) 重福水産の価格戦略

　重福水産には直営店と通信販売の2つの販売チャネルがあり，各チャネルでは地元と全国の消費者に対して新鮮な水産物を求めやすい価格で提供している。まず，地元の消費者を対象としている直営店については，卸売市場を経由せず，自社が漁獲する水産物を消費者に直接販売している。そのため，他の小売店よりも鮮度の高い水産物を手頃な価格で消費者に提供している。そして，漁業生産者ならではの知識を活かして水産物の美味しい料理法なども消費者に提案するなど付加価値のある付帯サービスも提供している。通信販売においては，3,000円から20,000円までの価格帯を設定し，消費者の好みの魚や数量，予算などにあわせてセット販売を行っている。さらに付帯サービスとして消費者が求める調理方法にあわせて刺身用や焼用，煮付け用などにセットするサービスも提供している。また，通信販売では，消費者向けの販売のみならず，飲食店・業者に対しても消費者向けと同様のセット販売を行っており，これらに対しては市場価格で水産物を提供している[12]。

　このように重福水産は水産物の生産から販売までを自社で一貫する流通システムを構築したことにより，鮮度の高い水産物を手頃な販売価格で消費者に提供するとともに，消費者の希望にあった付帯サービスを提供することで，消費者に付加価値も提供している。すなわち，消費者に対する高い付加価値を提供することで，重福水産が提供する水産物に対して消費者が適切であると考えられるような価格を提示している。

2．新潟中央水産市場株式会社の事例

　1904年に鮮魚問屋として創業した新潟中央水産市場株式会社（以下，新潟中央水産市場と略す）は，新潟港で水揚げされる新鮮な海の幸を買い付け，事業者に出荷する仲卸業務を中心としながら，水産物を加工して販売する加工業務も行っている。加工部門では，新潟の伝統食文化を取り込んだ商品を開発し，自社ブランドとして販売している。さらに，それらの事業以外にも1991年か

---
12) 同上サイト。

らは道の駅「新潟ふるさと村」に自社初となる小売店舗を開設し，小売事業への参入を果たした。これに続き，「にぎわい市場 ピア Bandai（所在地：新潟）」と「築地にっぽん漁港市場（所在地：東京）」にも新たに店舗を開設するなど，地元はもとより全国の消費者に日本海側の新鮮な水産物を提供している。

　小売事業への参入に伴い，徹底した低価格を心がけている新潟中央水産市場は，低価格路線を貫くために新潟漁協や佐渡の漁業生産者から水産物を直接買い付けるという仕入体制を構築した。これにより仕入価格が抑えられ，高い鮮度の水産物を市場価格で提供することが可能となった。また，東京にある店舗では，産地から離れていることから輸送費用が高くなるが，この問題においては産地直送システムにより輸送費用を安く抑え，産地の店舗と同様の価格で水産物を提供している。このように新潟中央水産市場は，消費者に低価格で水産物を提供するため，徹底した費用削減に取り組んでいる[13]。

＜参考文献＞

板倉信明「魚価形成における近年の変化と漁業生産サイドの課題 」『北海道大學水産學部研究彙報』第 51 巻 第 2 号，2000 年，111-119 頁。
グロービス・マネジメント・インスティテュート編著『新版 MBA マーケティング』ダイヤモンド社，2008 年。
齋藤貴美子「水産物の流通段階における価格形成について」『文教大学女子短期大学部研究紀要』第 45 集，2002 年，97-106 頁。
齋藤典晃・松井温文編著『最新マーケティング』五絃舎，2015 年。
魚の消費を考える会編『現代サカナ事情』新日本出版社，1997 年。
水産庁編『平成 27 年版 水産白書』農林統計協会，2015 年。
高井紘一朗「水産業の現状と課題」『MMRC DISCUSSION PAPER SERIESBA』No.455，2014 年。
出村雅晴「マグロの需給と価格形成をめぐる動向」『農林金融』第 61 巻 第 3 号，2008 年，142-154 頁。
農林水産省編『平成 27 年版 卸売市場データ集』2016 年。
濱田英嗣「水産物流通変化と漁業生産 – 資源管理型漁業と連携させた流通施策の必要性」『農林金融』第 53 巻 第 3 号，2000 年，151-161 頁。
濱田英嗣『生鮮水産物の流通と産地戦略』成山堂書店，2011 年。
婁小波・波積真理・日高健編著『産物ブランド化戦略の理論と実践 – 地域資源を価値創造するマーケティング』北斗書房，2010 年。

13) 新潟中央水産市場株式会社ホームページ，http://www.sakana-bandai.com/（2016 年 9 月 27 日アクセス）。

第7章 チャネル戦略

第1節 チャネルの概念

　マーケティング・ミックスの要素の1つとしてのマーケティング・チャネル（marketing channel―以下「チャネル」と呼称）とは，かなり大まかにいえば，生産者から消費者へ商品を移転させる経路のことである。もっとも，チャネル戦略を講じる際，このような定義を発端とするのは心もとない。分析単位（集計水準），焦点（主たる機能），構成員（メンバー），始点と終点（区分）といった内容を順次検討し，チャネルの概念を把握しておく必要がある。

1．チャネルの分析単位

　生産者から消費者への商品の流れは，マクロ的側面の社会経済とミクロ的側面の個別経済という両面から分析することができる[1]。マクロからみるときには，流通機構（distribution system）と称される。その内部を構成するミクロは，当初の自由競争段階から次第に独占（寡占）的段階へ変遷していくと認識される[2]。多数・小規模な生産者たちが競い合う時期を経て，淘汰された少数・大規模な業者同士が争いを繰り広げる状況へ移行する。
　また，本章がチャネル戦略を扱うということは，寡占的企業へ典型的に適用されるマネジリアル・マーケティング（managerial marketing―経営者的〔全社

1）風呂勉『マーケティング・チャネル行動論』千倉書房，1968年，22-26頁。
2）猿渡敏公『マーケティング論の基礎』中央経済社，1999年，39-42頁。岩永忠康「流通チャネル戦略」岩永忠康編著『マーケティングの理論と戦略』五絃舎，2015年，103-105頁。

的]マーケティング)がその前提に位置づけられる[3]。流通経路,配給経路,販売経路といった,ミクロ的側面からの分析で用いられる呼称と,ここにいうチャネルが,そもそも同様の意味合いをもつ点とも相まって,個別経済を分析単位とするのが自然な成り行きとなる。

したがって,より明確な文言にすると,チャネルとは「流通ルートが多数集まって網の目のように織りなしている流通機構のなかから」寡占的企業によってつくりだされる「自己の製品[商品]に最も適した特定の販売ルート (sales route)」[4]と定義される。マネジリアル・マーケティングにおける原則的な主体に位置づけられる製造業者にとって,特に重要なものとなる。そして,産業使用者を取引先とする産業財よりも,最終消費者を相手とする消費財の方が,その操作の必要性が高く,かつ困難性も大きい。

これらに基づき,以降は消費財製造業者(以下「製造業者」と呼称)を主体,当該業者が製造・販売する商品[5]を客体としたチャネルへ論点を絞る。

2. チャネルの焦点

流通機構のなかの販売ルート,すなわちマクロのなかのミクロを分析単位とするチャネルの主たる機能とは何か。流通機能は,商的流通機能(商流),物的流通機能(物流),情報流通機能(情報流),資金流通機能,危険負担機能の5つに分類可能である[6]。商品をめぐる製造業者と最終消費者の関係における働きを順に述べると,所有権移転,物理的移動,情報交換,対価(代金)支払い,事故(破損,紛失等)発生時の責任の所在,といった具合になる。

チャネルを製造業者による操作の対象と捉える場合,5つの機能のうち商流

---

3) 橋本勲『現代マーケティング論』新評論,1973年,42-47頁,68-79頁。猿渡敏公同上,52-59頁。
4) 橋本勲,同上,252頁。
5) 本章では,チャネルの客体の呼称として,製品(製造された品物)ではなく,それを販売ルートに乗せるのを前提とした商品(商取引の目的となる品物)を用いる。
6) 風呂先生によると,流通機能はさまざまに分類されうるが,それらのうちのいずれかに限定して概念化するか,あるいはそれらの統合をもって概念化するかによって,チャネル概念の内容は多様化する。風呂勉,前掲書,26頁を参照。

に焦点を当てるのが適切である[7]。とりわけ物流と対比すれば，商品の行方を左右する権能は，当該商品を物理的に占有するか否かよりも，その売買取引に関与して所有権を取得するか否かによって付与されるからである。

なお，マクロとミクロに共通する流通の役割は，生産と消費の間に存在するさまざまな懸隔（ギャップ）を埋めるところにある[8]。商流は社会的・人格的な，物流は場所的・時間的な懸隔に対応する。つまり，チャネルは，社会的分業の進展に伴い製造業者と最終消費者が別個の人格になった状況の埋め合わせに焦点を当てながら，物の移動や保管を通して場所や時間の乖離をも解消しようとする。ただし，それを操作する製造業者は自社ルート推進を優先するため，その采配が結果的に流通機構を停滞させる事態も起こりうる。

3. チャネルの構成員

チャネルを売買取引または所有権移転の過程と考えると，消費財の場合に構成員の候補となるのは次の3つのグループである。

第1グループに属する，製造業者，卸売業者，小売業者，最終消費者は，いずれも売買取引に関与し，かつ所有権を取得する立場にある。製造業者と最終消費者の間を媒介するのが商業者であり，卸売業者（主に小売業者や産業使用者へ販売する業者）と小売業者（主に最終消費者へ販売する業者）に枝分かれする。しかしながら，チャネルへの参画によって商業者の社会的性格（特定の生産者・消費者からの独立性）[9] は多かれ少なかれ制約されるので，それらは販売業者（または配給業者）と称されるべき存在へ変貌を遂げる。

第2グループの代理業者や仲介業者は，売買取引には関与するが，所有権は取得しない立場にある。それぞれの事業として所有権移転を推進する。

第3グループの運送業者や倉庫業者，市場調査業者や広告業者，金融業者，保険業者等は，売買取引にも所有権移転にも関与しない立場にある。物流，情

---

7) 猿渡敏公，前掲書，168頁。
8) 石原武政「流通論で何を学ぶのか」大阪市立大学商学部編『ビジネス・エッセンシャルズ⑤ 流通』有斐閣，2002年，12-14頁。
9) 同上，35頁。

報流,資金流通,危険負担といった,商流以外の流通機能を担う。

3つのグループの特徴からすれば,第1は固有メンバー,第2は副次的メンバー(手数料商業,補助商業と呼ばれる)である一方,第3はチャネルの焦点に重きを置く場合には除外対象メンバー(助成的・付随的商業,商業補助業と呼ばれる)になると考えられる[10]。

4. チャネルの始点と終点

チャネルの始点(出発点)は,原則として客体である消費財すなわち完成品を製造する業者であり,そこから原材料・部品の供給業者にまで遡ることはない[11]。チャネルが製造業者による操作の対象だからという旨は,もちろん有力な理由に挙げられる。更には,原材料・部品から完成品への形態変化という過程が生じた時点で,前者の所有権が消滅し,後者の所有権が製造業者によって原始取得されるという点も見逃せない。つまり,1つのチャネルが終結するとともに,次なる別個のチャネルが開始するのである。

では,終点(到達点)はどこになるか。チャネルが所有権移転の過程であるという見方を貫く場合,メンバーの一角を占める最終消費者がこれに該当する[12]。もっとも,製造業者にとってその操作が非常に困難なのは間違いない。

第2節　チャネル戦略の策定と展開

前節を踏まえると,チャネル戦略は「製造業者がチャネルの構築および運営をする際の方策」と定義される。その主な目的は,商業者が転じた販売業者(前節3.参照)との関係においては,直接的な販売先の確保,すなわち売れ残りの

---

10) 猿渡敏公,前掲書,169–170頁。
11) 同上,170–171頁。なお,循環型社会形成への貢献を重視するチャネル戦略においては,概念上の区切りとしての始点は製造業者のままで,素材・部品製造や原材料調達まで遡ったプロセスを見据える必要がある。拙稿「資源循環型経路戦略」今光俊介編著『中小企業のマーケティング』五絃舎,2016年,81–83頁を参照。
12) 猿渡敏公,同上,171頁。

回避である。最終消費者との関係では，標的市場への自社商品の到達である。こうした目的の成就が，競合他社に対する優位性へ波及していく。

1. チャネル設計

チャネルの全体的な構造を設計する際には「長／短」および「広／狭」という，2つの主な基準が用いられる。

長いか短いかは，売買取引に関与し，かつ所有権を取得するメンバーの数によって決定される。チャネルの固有メンバー（前節3.参照）に当てはめてみると，(a) 製造業者→最終消費者，(b) 製造業者→小売業者→最終消費者，(c) 製造業者→卸売業者→小売業者→最終消費者と類型化され，メンバー数は順に2,3,4となる。また，始点と終点の取引関係からすると，(a)は直接販売，(b)・(c)は間接販売と称される[13]。媒介者のいない(a)の取引段階を0とすると，(b)は1，(c)は2と数えられる。卸売業者に関しては第1次卸・第2次卸といったように多段階化する場合もあるが，小売業者と最終消費者の取引は（小売業者の定義を踏まえると）常に1段階のみである。

一方，広いか狭いかは，どのような範囲の販売業者と取引関係を結ぶかによって決まる。典型的には，(a) 開放的（できるだけ多数の販売業者と取引），(b) 選択的（一定の資格条件に合致した販売業者のみと取引），(c) 排他的（1つの市場地域内で1つの販売業者のみと取引）という3つのチャネルに識別可能である[14]。最終消費者の購買習慣に基づく消費財の分類[15]との関連性でいえば，これらは順に，最寄品，買回品，専門品と適合している。ただし，こうした取り合わ

---

13) 岩永忠康，前掲書，106–107頁。
14) Duncan, Delbert J.,"Selecting a Channel of Distribution,"in Clewett, Richard M.(ed.), *Marketing Channels for Manufactured Products*, Richard D. Irwin, Homewood, Ill., 1954, pp.374–377.
15) Copeland, Melvin T. "Relation of Consumer's Buying Habits to Marketing Methods," *Harvard Business Review*, Vol.1, No.3, 1923, pp.282–289.（北原明彦訳「M・T・コープランド著『マーケティング技法と消費者の購買習慣との関連』1923年」『熊本学園商学論集』第14巻 第1号，2007年，117–123頁）。

せは一般論にすぎず，製造業者は自社商品のマーケット・シェアとブランド価値の兼ね合いを重視しながら，最適なチャネルづくりを目指す。

2. チャネル統合

製造業者とその競合他社は，販売達成や標的市場到達をめぐって，チャネル対チャネルのシステム間競争を繰り広げる[16]。それを有利に進めるため，換言すればチャネルの操作度合いを高めるため，製造業者は設計したチャネルの統合を目指す。いわゆる伝統的マーケティング・チャネル[17]で生じがちな，あるメンバーが他のメンバーを制御できない状況からの脱却を図る。

チャネル統合における重要な枠組みは，垂直的マーケティング・システム (Vertical Marketing System—以下「VMS」と呼称)[18]である。これは，生産から消費までのマーケティング・フローをいかに統合するかによって，(a) 企業型 VMS (あるメンバーがチャネルの一連の段階を1つの所有権の下に統合するシステム)，(b) 契約型 VMS (あるメンバーがチャネルの他の段階に位置するメンバーとの契約に基づいて統合を図るシステム)，(c) 管理型 VMS (チャネルの各メンバーの自律性を維持しながら形成されるシステム) に分類される。(a)・(b) と比較して，(c) はそれ自体に統合の根拠が希薄であるため，チャネル・キャプテン (channel captain—以下「キャプテン」と呼称) という立場に就く製造業者は，他のメンバー

---

16) 石井淳蔵『流通におけるパワーと対立』千倉書房，1983年，81頁。
17) Kotler and Keller は，チャネル統合が存在しない状態の (1) 伝統的マーケティング・チャネルと，その対照的なかたちの (2) VMS に加えて，更なる新たな動きとしての (3) 水平的マーケティング・システム (関連のない複数の企業による新規市場機会の開拓のための資源・プログラムの統合) と (4) マルチチャネル・マーケティング・システム (1つの企業による複数の顧客セグメントへの到達のための複数チャネルの使用) を取り上げている。Kotler, Philip and Keller, Kevin L., *Marketing Management*, 12th ed., Pearson Education, Upper Saddle River, N.J., 2006, pp.486–491.（恩蔵直人監修・月谷真紀訳『コトラー＆ケラーのマーケティング・マネジメント（第12版）』丸善出版，2014年，605–610頁）を参照。
18) McCammon Jr., Bert C., "Perspectives for Distribution Programming," in Bucklin, Louis P.(ed.), *Vertical Marketing Systems*, Scott, Foresman and Company, Glenview, Ill., 1970, pp.43–46.

に何らかの恩恵を提供するとともに，適切な指導を実施する必要に迫られる。

そして，これらを資本の観点から捉え直すと，(a) は垂直的統合，(b)・(c) は準垂直的統合に二分される[19]。前者は，支店，営業所，直営店等を設置し，小売段階まで自己資本によって統合する結果，独立した販売業者は不在になるのに対して，後者は販売業者を資本によらず統合する。よって，販売達成の不確実性に伴う市場リスク，より具体的には売れ残りの際の経済的負担は，商業資本の排除と呼ぶべき前者では製造業者自身に覆いかぶさるが，商業資本の系列化や流通系列化と称される後者では販売業者に転嫁可能である。

3. チャネル・パワーの行使

チャネル統合の3類型のうちとりわけ管理型VMSでは，上述のとおり，キャプテンである製造業者は，他のメンバーに指導や恩恵を与えなければならない。メンバーの行動に影響を及ぼすことによってチャネルへの貢献を促す能力のことを，チャネル・パワー（channel power）という[20]。

キャプテンがパワーを行使する拠り所は，パワー資源と称される。他のメンバーに，(a) 報酬性（キャプテンに従えば特定の報酬が提供されるという期待），(b) 制裁性（キャプテンに従わなければ特定の制裁が加えられるという懸念），(c) 専門性（キャプテンが有用な専門知識を保持しているという認識），(d) 正当性（キャプテンは影響力を及ぼす権限をもち他のメンバーはそれに従う義務をもつという意識），(e) 同一性（キャプテンの主導する魅力的なシステムに参加したいという意図），合わせて5つの資源のうち1つまたは複数を獲得させることを通して，チャネルの強化を推進する[21]。現行のメンバーにはもちろん，他社のメンバーを

---

19) 風呂勉，前掲書，62–69頁。猿渡敏公，前掲書，180–182頁。
20) Anderson, Erin, and Coughlan, Anne T., "Channel Management: Structure, Governance, and Relationship Management," in Weitz, Barton and Wensley, Robin(eds.), *Handbook of Marketing*, Sage Publication, London, 2002, pp. 239–240.
21) Beier, Frederick J. and Stern, Louis W., "Power in the Channel of Distribution," in Stern, Louis W.(ed.), *Distribution Channels: Behavioral Dimensions*, Houghton Mifflin, Boston, 1969, pp.94–104. Stern, Louis W. and

含む将来のメンバー候補に対しても，さまざまな働きかけが行われる。

4. チャネル・コンフリクトへの対処

　製造業者がキャプテンとしてチャネルの統合を図り，パワーを行使しようとも，元をたどれば各メンバーは別個独立の業者であるゆえ，完全な連携は難しい。チャネル内で生じるメンバー間の対立・軋轢，すなわちチャネル・コンフリクト（channel conflict）が否応なく生じる。製造業者と販売業者の間の，そして販売業者同士の衝突がありうる。

　コンフリクト発生の主な原因としては，役割の不調和，経営資源の不足，現実認識の不一致，期待の相違，意思決定領域の不一致，目標の不一致，コミュニケーション不足が挙げられる[22]。その解決策は，(a) 交渉戦略（当事者間の話し合い），(b) 相互浸透戦略（目標の共有，人的交流），(c) 超組織戦略（中立の第三者機関の調停）に分類される[23]。チャネル戦略を展開するうえで不可避といわざるを得ないコンフリクトへの対処が，メンバー間に切磋琢磨の機会をもたらすか，あるいは修復できない溝を生み出すかを左右する。

第3節　商業者のチャネル戦略

　以上，製造業者を第一義的な主体に据えることに伴い，本来は商業者である卸売業者や小売業者を販売業者に位置づける立論をしてきた。しかし近年では，それら業者が生産機能のみならず製造業者をも取り込んだチャネルが出現している。こうした動向は，チャネル対チャネルの競争構造の複雑化，パワーやコンフリクトの変容をもたらす。本節では，次章の事例で扱われるように顕著な動きをみせる，小売業者を主体としたチャネル戦略を考察する。

　El-ansary, Adel I., *Marketing Channels*, Prentice-Hall, Englewood Cliffs, N.J., 1977, pp.286–292.

22) Rosenbloom, Bert, *Marketing Channels: A Management View*, 2nd ed., Dryden Press, Chicago, 1983, pp.99–102.

23) Stern, Louis W. and El-ansary, Adel I., *op. cit.*, pp.292–309.

1. チェーン展開

 小売業者がチャネル戦略を推し進める際の主要な内容となるのが，複数の店舗をチェーン化する取り組みである。これらは概ね，(a) コーポレート・チェーン（レギュラー・チェーンとも称される，1 つの本部企業が直接投資して複数店舗を展開する形態），(b) フランチャイズ・チェーン（1 つの本部企業が独立業者とのフランチャイズ契約に基づいて複数店舗を展開する形態），(c) ボランタリー・チェーン（小売業者主宰の場合にはコーポラティブ・チェーンとも称される，複数の独立業者が同志的結びつきに基づいて事業活動を共同化する形態）に分けられる[24]。(a)・(b) は大規模小売業者によるチェーン展開の有効な手段として用いられる。一方(c) は，中小・零細小売業者がそのような大規模業者による攻勢への自衛・対抗策として，または規模の大小にかかわらず小売業者が卸売や製造の領域を内に入れるための方策として形成する。

 前節 2. と照らし合わせると，(a) は本部企業による直営であるため，企業型 VMS かつ垂直的統合の典型である。特にスーパーマーケットを多店舗展開する場合に重用される。(b) における本部（フランチャイザー）と加盟店（フランチャイジー）の関係は別個の法人間の契約によるものなので，契約型 VMS かつ準垂直的統合に当てはまる。ただし，コンビニエンスストアのように，基本的に各加盟店が商品を直接仕入れし，本部は必要な情報やノウハウを提供するような場合，そこに段階分化は存在しないと考えられる（前々節 2. 参照）。(c) も契約型 VMS に該当し，また卸売業者や製造業者とのタテの関係をも取り込むならば，それは準垂直的統合となる。本部が指導的立場にあるのは (b) と同様だが，ボランタリー（自発的）の名のとおり加盟店側に大きな比重が置かれ，業者同士のヨコのつながりが強くなる。

---

[24] この分類は，製造業者と小売業者をチャネルの主体として並行的に扱うとともに，VMS の事例に小売業者の取り組みを含めながら説明づける，次の文献を参考にしている。江尻弘『流通論』中央経済社，1979 年，191–196 頁。Kotler, Philip and Keller, Kevin L., *op. cit.*, pp.486–488.（前掲訳書，605–607 頁）。

2. 仕入れ戦略

　前々節 4. では，製造業者をチャネルの始点としたが，ここでは小売業者をチャネルの中核に据えたうえで，その取り扱う商品を製造するところまで遡った，同一商品に関する所有権移転の過程を範疇に含める。よって，再販売購入活動（自らの消費のためではなく他者への販売による利潤獲得のために購入するという商業者の活動）[25]を鍵とする仕入れ戦略が問われることになる。

　小売業者の仕入れは，その社会的性格を前面に出す場合には，現存する卸売業者や製造業者と手広く取引するなかで，商品の品質や価格に関する有利な条件を追求する。対して，特定の業者との取引に絞り込むならば，それは管理型または契約型の VMS となり，かつ準垂直的統合に当てはまる（前節 2. 参照）。管理型については，他のメンバーへのパワー資源の使い分けによって，コンフリクトを回避しながら展開される（前節 3. ～ 4. 参照）。契約型は既述のボランタリー・チェーンの一環に位置する。スーパーマーケットやコンビニエンスストアによる，プライベート・ブランド（PB）に関する製造業者との OEM (Original Equipment Manufacturing―相手先ブランドでの製造) 契約に代表される。

　こうした仕入れ戦略のうちどの方向性を採用するかは，取り扱う商品に左右される[26]。特に，幅広い品揃えを求められる小売業者は，商品ごとに適した仕入れ先を選定していく。つまり，仕入れの頻度や数量に応じて，その方式はさまざまなかたちに具体化する。

3. 出店戦略

　最終消費者という終点（前々節 4. 参照）を商品の直接的な販売先，そして顧客サービスの提供相手とする，事業内容の本質に鑑みるならば，小売業者がどこに店を構えるかは，戦略上の重大な要素となる[27]。その策定においては，綿密

---

25) 石原武政，前掲書，35 頁。
26) Kotler, Philip and Keller, Kevin L., *op. cit.*, pp.509–513.（前掲訳書，632–637 頁）。
27) *Ibid.*, pp.516–517.（同上，641–642 頁）。

な市場調査をしたうえでの STP (Segmentation, Targeting, Positioning) [28] が不可欠の手順となる。小売店舗立地の判断に適した諸々の基準によって細分化した市場セグメント（部分市場）のなかから標的を選定し、そこに存在する顧客に向けて当該店舗が提供すべき価値を明確化していく。

　STP から得られる内容は、出店しようとする店舗の売場面積、品揃え、店員数、営業時間等に応じた、適切な商圏（ある店舗が集客を見込む地理的範囲）の見極めに活用される。多店舗展開するときは商圏の重複を避けるのが一般的であり、コーポレート・チェーンとしてのスーパーマーケットは大抵の場合、店舗間に一定以上の間隔を空けるよう調整がなされる。他方で近年、特にフランチャイズ・チェーンとしてのコンビニエンスストアは、ある地域に複数店舗を集中的に出店するというドミナント戦略によって、物流効率化やプロモーション効果、ひいては競合他社に対する優位性の獲得（当該地域からの締め出しを含む）を目指すことがある。これら2つの方針には、前者が企業型 VMS、後者が契約型 VMS という違いが反映されていると考えられる。

---

28) Kotler, Philip, *Marketing Management: Analysis, Planning, Implementation, and Control,* 9th ed., Prentice-Hall, Upper Saddle River, N.J., 1997, p.89・p.249.

第8章 チャネル戦略
― プラントの事例から ―

第1節 スーパーセンター業態とは

1. マーケティングと小売業

チャネル戦略の事例として,福井県坂井市に本社を置く株式会社PLANT(以下プラント)を取り上げる。プラントが展開するスーパーセンター業態は,食品を含む総合業態である。この総合業態を自前で多店舗展開することは,出店地域の食文化や習慣,気候などを熟知し,品揃えをする必要があり,マーケティングは不可欠である。スーパーセンター業態は,大手小売業のみならず中規模小売業においても展開されているが,標準化,そして多店舗展開している中規模小売業は,プラントのみであるといってよい(章末の資料参照)。

そこで本節は,まずスーパーセンター業態を説明する。そして多くのマーケティングのテキストでは,製造業を取り上げる場合が多いなか,本章では,小売業であるプラントを取り上げる。第7章で述べられた小売業の重要な戦略であるチェーン展開,仕入れ戦略(マーチャンダイジング)と出店戦略を中心にチャネル論のアプローチから説明していく。

2. 業態とは

小売業では一般的に,業種ではなく売り方である業態の視点からみていくことが一般である。業態という言葉は,Type of store, Store format と訳すことができる。この言葉は,曖昧に使用され,営業形態の略称や経営形態を含むなど,さまざまな定義が存在する。この視点は,我々の生活においてコンビ

ニエンスストア，スーパー，百貨店などの呼称を使うように，購買行動において，肉屋や八百屋などの何屋などではなく，売り方の角度からみていることからも明らかであろう。よって業態は，消費者ニーズに起因し，それらをくみ取った小売業が，競争要因，地理的要因，文化的要因なども考慮し，新たな業態を作り，展開している。

このような背景により業態は，企業経営，経営形態のレベルよりは，店舗レベルの消費者に接する営業面を表す言葉である。この視点からプラントを分析する。

3. スーパーセンターとは

まずプラントが展開するスーパーセンター業態とは，日本では新聞紙上において1990年代半ばから出始め，2000年代に入ると，多く見受けられるようになった。小売流通用語集によると「食料品や衣料品，住居関連用品などをワンフロアに集め，1ヵ所のレジですべての会計が行える小売業態」とされている[1]。また『最強のスーパーセンター』の著者・橋詰昇氏は，「3,000坪（約9,000㎡），を超える，ワンフロアの売場に生鮮食料品から一般食品（グロッサリー），衣料品，非食品のあらゆる部門を持ち込んだ全く新しい発想の総合業態」としている[2]。『日本経済新聞』は，「非食品のディスカウントストア（DS）と生鮮，加工食品を主体とする大型スーパーを組み合わせた新しい業態」[3]とする。プラントは，このよう総合業態でありながら，多層階である百貨店，GMSと違い，倉庫型のワンフロアで展開され，消費者にとって商品構成のわかりやすさを提供する。

スーパーセンター業態の代表例は，世界最大の小売業のウォルマートが展開するウォルマートスーパーセンターである。プラントも参考にしたウォルマートは，当初は，ディスカウントストア業態を展開したが，1988年から生鮮食

---

1) 学校法人中内学園流通科学大学『小売・流通用語集―流通業界で働く方必携―』商業界，2016年，123頁。
2) 橋詰昇『最強の業態スーパーセンター―田舎立地に眠る巨大マーケットを掘り起こせ―』商業界，2002年，16頁。
3) 『日本経済新聞』2001年1月1日。

第8章　チャネル戦略―プラントの事例から―　*103*

図8-1　プラント横越店フロアガイド

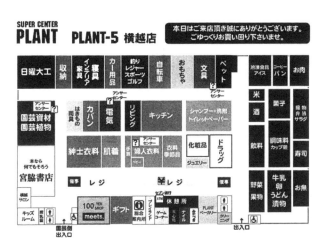

出所）筆者がプラント横越店において取得。

品を加えたスーパーセンター業態を開発し，2005年にはディスカウントストア業態を逆転した[4]。このスーパーセンター業態を，ウォルマートは，カナダ・メキシコの北米から中米，南米にグローバル展開している。このように世界最大の小売業が主力とする業態，スーパーセンターは，日本においても大手小売業のみならず中規模小売業において展開されている（章末の資料参照）。

4．同業態間競争と異業態間競争

　小売業は，同業態間競争と異業態間競争に直面している。例えばレストランのライバルは，レストランであることは容易に想像できる。しかし食事をすることになると，コンビニエンスストアでパンや弁当，おにぎりを買う，パン屋でパンを買う，弁当屋で弁当を買う，食品スーパーから弁当を買う，仕出し屋から弁当を配達してもらうなど，さまざまな選択肢があり，これが異業態間競争である。

---

4)　田口冬樹『流通イノベーションへの挑戦』白桃書房，2016年，147頁。

スーパーセンター業態は，前掲の定義にもあるように，総合業態であり，この異業態間競争を避けて通ることができない。食品では，地場の食品スーパー，衣料品では総合スーパー，家電では家電量販店，生活用品ではホームセンターというように，多くの地域でこのような他社との競争が存在する。

第2節 さまざまな角度からみるプラントの戦略

1．プラントの沿革

本節ではプラントの沿革について簡単に述べていく。プラントは，1947年に金物店として創業し，1981年に品揃えを拡大し，ホームセンターとグロッサリーを加えたバラエティストアである小型店，ジョイフルストアみったを出店した。プラントではこの1981年を事実上，創業年と定め，2016年には創業35周年記念商品を多数発売した。

1990年には，大型店でありホームセンター業態の「PLANT-1」を出店し，1993年にはプラントの名称を初めて使用した生鮮食品を加えたスーパーセンター業態による出店を開始した。

よってプラントは，専門店から総合業態へ業態展開をし，店舗を拡大してい

写真8-1　スーパーセンタープラント淡路店（兵庫県淡路市）

出所）筆者撮影（2016年9月30日）

る。このような例は，GMS のイトーヨーカ堂やダイエーの発展の形と共通している。食品を加えたこの業態転換は，日本の購買行動にみられる鮮度を重視したこまめに少しずつ買い物する多頻度小口購買の特徴を取り入れ，来店頻度を増すことをねらったものといえよう。

表8-1　プラントの沿革

年号	出来事
1947	福井市において金物店を創業
1981	ジョイフルストアみったを福井県丸岡町に出店
1990	ホームセンター業態である PLANT を福井県鯖江市に出店
1993	初スーパーセンターの業態である PLANT-2 を福井県坂井市に出店
1997	PLANT-3 を石川県津幡町に出店
2005	スーパーセンター 10 店舗目を岐阜県瑞穂市に出店
2013	東証一部に上場
2015	スーパーセンター 19 店舗目を兵庫県淡路市に出店

出所）プラントウェブサイト（http://www.plant-co.jp/corp/aboutus/history/index.html（2016 年 8 月 1 日）），プラント提供会社案内より作成。

プラントは，2000 年には店頭市場に上場し，2013 年には東証一部に上場し，資金調達を進め，成長している。

2. チャネル戦略からみるプラントの戦略

チャネル戦略（第7章）から，プラントの戦略をみると，まずチェーン展開では，(a) コーポレート・チェーン（レギュラー・チェーン），(b) フランチャイズ・チェーン（1つの本部企業が独立業者とのフランチャイズ契約に基づいて複数店舗を展開する形態），(c) ボランタリー・チェーンのうち，(a) コーポレート・チェーンの本部企業が直接投資して店舗展開を行っている。よってプラントは，他人資本でなく，自己資本による店舗展開であり，国際的なチェーン店の基準である 11 店舗を越えるチェーンストアである[5]。

次に仕入れ戦略（マーチャンダイジング）においては，管理型 VMS でなく，

---

[5] ウォルマートウェブサイト，http://corporate.walmart.com/our-story/our-locations （2016 年 10 月 28 日アクセス）。

契約型 VMS を採用する。契約型 VMS の例として一部の飲料など PB を展開している。プラントの PB は，「PLANT」といい，副題に「暮らしを支える価値ある商品」とし，売上比では 0.5％ と少ないが，価格面において NB（ナショナルブランド）よりも低価格の商品が多く，価格訴求性が強い[6]。しかしプラントの戦略として，品揃えは NB を基本とする。NB の品揃え戦略としては，プラントが地場の製造業者と取引し，商品を仕入れること，北陸を中心とする製造業者の商品を，展開する各店に流す，の 2 つがある。前掲のチャネル設計においては，(b) 製造業者→小売業者→最終消費者に該当し，プラントは集散させる役割を担っている。具体的には，PLANT-3 津幡店（石川県津幡町）は，地元石川の製造業者 3 社，福井，富山の各 1 社，卸売からも豆腐を仕入れ，顧客ニーズに応えている。その競争において，各社は店頭において，低価格販売や試食販売などのプロモーションを行う[7]。

また淡路店（兵庫県淡路市）では，地元兵庫の製造業者だけではなく，新潟の豆腐製造業者の製品を取り扱う。この事例は，小売業者から製造業者を発掘し，最終消費者とつなぐ役割を担っているといえよう。

最後に，出店戦略からプラントの戦略をみていく。この出店戦略と店舗構造を含む業態開発戦略もプラントの特徴である。出店においては，STP を行い，競合状況などを調査し，標的市場を定め，立地場所を選定する。プラントの出店立地は，商圏人口 5 ～ 10 万人の郊外地区に対して 6,000 ～ 7,000 ㎡ の店舗，商圏人口 15 ～ 20 万人に対して 10,000 ㎡ の店舗を基本とする。

当初の出店地域は，GMS が出店していない地域を中心に出店したが，競合の激しい地域に出店し，異業態間競争を繰り広げられている新潟市における出店のケースを紹介する。

PLANT-5 横越店（新潟市江南区，売場面積 18,293 ㎡）は，プラントの中で唯一，政令指定都市に立地し，商圏人口も多く抱え，一見すると恵まれた地域に

---

[6] プラントへのヒアリングから。(2016 年 7 月 8 日)
[7] 宮内信隆『スーパーセンターはサプライズ―PLANT の新小売術―』北國新聞社 2009 年，23 頁。

ある。しかし周辺には，さまざまな業態の競合店が立地し，プラントの中で最も競争が激しい店舗であるといえよう。新潟市は，青森市と結ぶ国道7号，滋賀県栗東市と結ぶ国道8号，福島県いわき市と結ぶ国道49号が交差する交通の要所であり，交通量も激しい。それらを緩和するために，新潟バイパスなどの高規格道路が整備され，交差点のほとんどは，立体交差により信号を最小限にした，米国のフリーウェーに似た構造になっている。このバイパスよって新潟市内の主に東西の移動は，中心部を通行することなく，移動でき，このバイパス沿いに多くの小売店が立地する。プラントが位置する江南区には，イオンモール新潟南（売場面積41,699㎡）があり，付近にはアピタ新潟亀田（売場面積37,462㎡），ホームセンターのムサシを核とするアークプラザ新潟（売場面積35,634㎡），そして多数の食品スーパーが存在する異業態間競争がみられる。その中で横越店は，対象とする顧客をセグメンテーションし，集客を行う。イオンモール新潟南は，映画館や多数の専門店，飲食店から構成され，一日中，楽しめる内容である。しかし横越店は，このようなアミューズメント施設はなく，欲しい物を，エスカレーターなどに乗ることなく，ワンフロアにおいてみつけることができる。また駐車場も立体駐車場でなく，平面駐車場により，フロア移動をすることなく，売場にたどり着くことができる。このようにさまざまな競合業態の中で，衣食住関連のものを一か所で買いたいという目的をもつ消費者に焦点を当てて，マーケティングを行っている。

このような出店戦略を推し進め，プラントは2022年を目標に，出店済みの12府県に中型店30店を出店し，売上高2000億円を目指す[8]。

3. 小売ミックス論からみるプラントの戦略

小売業の戦略をみるアプローチとして，小売ミックス論がある。小売業は，消費者と環境の変化に応じ，小売ミックスをうまく使い，マーケティングを行い，新しい業態を開発する。レイザー＆ケリーによれば，小売ミックスとは，商品・サービスミックス，コミュニケーションミックス，物流ミックスから構

---

8)『福井新聞』2015年10月31日。

成され，顧客ニーズに応えるために，小売業は，これらを使い戦略を実行すると述べられている[9]。

プラントの戦略に当てはめると，まず商品・サービスミックスに特徴がある。商品・サービスの代表例は，総菜売場にみることができる。総菜売場では，通路の真ん中に100g・100円の好きなものを好きなだけ取るバイキング型の陳列が行われ集客に貢献している。

また飲料売場では，各種飲料のケース売りが行われ，郊外部や農村部で行われる子供会や町内会などのさまざまな会合用に対応している。

また前掲のように，スーパーセンター業態は，さまざまな品揃えをワンフロアで実現することで，広い店内になり，顧客にとってどこに何があるかわからなくなることもある。これらを解消するために，インフォメーションを各所に設置し，休憩所に無料の給茶機を設置するなどし，顧客に利便性を提供している。このような売場の特徴を生かし，衣食住関連の品をまとめて会計できるメリットもあるが，一方では購買点数も多くなる。よって購買点数が5から10点以下の顧客のために，素早く会計を済ますことのできる特急レーンを開設し，顧客に対して待ち時間の低減のための工夫を行っている。

次に特徴として物流ミックスがあげられる。プラントが多くの店舗を有する北陸地方では，雪が多く降り，夏はフェーン現象による高温など気象条件が厳しい地方である[10]。プラントは，特に冬季の気象条件下において物流網を維持するノウハウを，東北，山陰など類似する気象条件の地区において生かし，交通障害などを克服できた。

このように店舗内でなく，後方面においてもさまざまな革新的取り組みを

---

9) Lazer, W. and Kelly, E.J., "The retailing mix: planning and management, *Journal of Retailing*,Vol.37 No.1,1961,pp.34–35.
10) 全国の都道府県庁所在地の降雪量（2001年から2010年の平均値）においては，富山市4位，福井市7位，金沢市9位，新潟市10位であった。
富山県ウェブサイト，http://www.pref.toyama.jp/sections/1711/yuki/know/know_hikaku.html（2016年12月14日アクセス）。

表 8-2　プラントの出店

地域名	都道府県名	店舗数
北陸	福井	8（ホームセンター 1 店を含む）
	石川	1
	富山	2
	新潟	4
東北	福島	1
東海	岐阜	1
近畿	三重	1
	京都	1
	兵庫	1
中国	鳥取	1
	岡山	1
四国	香川	1

（注）福井は小型店ジョイフルストアみったを含む。
出所）プラントウェブサイト (http://www.plant-co.jp/shop/#fukui (2016 年 10 月 1 日))，提供会社案内より筆者作成。2016 年 10 月 1 日現在。

行っている。

　まとめるとプラントは，北陸地方で磨かれたノウハウを，さまざまな地域で応用し，スーパーセンター業態を日本各地に根付かせた。またプラントの出店地域は広範囲に及ぶことから，出店地域ごとにきめ細かいマーケティングを実行し，仕入れ戦略，出店戦略などのチャネル戦略をすすめ，大きな成果を上げてきた。

謝　辞

　本研究にあたり，株式会社 PLANT 松田恭和専務取締役社長室長兼管理本部長，塩田直彦総務部長にお話を伺った。この場を借りて御礼申し上げます。しかし，ここでは筆者の理解の範囲内でまとめており，インタビューならびに事実関係に誤解があるとすれば筆者の責任である。

資料　日本におけるスーパーセンターの展開企業

店名	展開地域	企業グループ
イオンスーパーセンター	全国	イオングループ
ベイシア	関東	ベイシアグループ
スーパーセンタトライアル	全国	独立系
オークワ	東海，近畿	独立系
イズミヤ	近畿	H2O リテイリング
ミスターマックス	関東，九州，中国	独立系
ベストム	北海道	独立系
アマノ	秋田	独立系
ムサシ	北陸	独立系
シマヤ	富山	独立系
綿半	長野	独立系
HI ヒロセスーパーコンボ	九州	独立系
A－Z	南九州	独立系
ニシムタ	南九州	独立系

出所）日経 MJ 編『日経トレンド情報源』各年度版，日本経済新聞出版社，月刊『販売革新』各号，商業界を参考に筆者が作成。

参考文献

渦原実男『日米流通業のマーケティング革新』同文舘，2010 年。
田口冬樹『体系流通論［新版］』白桃書房，2016 年。
東洋経済新報社『週刊東洋経済臨時増刊：全国大型小売店総覧 2017 年度版』東洋経済新報社，2016 年。
日経 MJ 編『日経トレンド情報源』各年度版，日本経済新聞出版社。
宮内信隆『スーパーセンターはサプライズ―PLANT の新小売術―』北国新聞社，2009 年。
柳純編『激変する現代の小売流通』五絃舎，2013 年。

第9章 コミュニケーション戦略

第1節 コミュニケーションの概念

 コミュニケーション戦略はマーケティングの4Pの1要素としてのPromotion戦略と同義で捉えられる。販売促進活動は，単に商品の販売増進をはかるだけでなく，情報の収集・伝達，販売資料の整理，苦情処理やその他の顧客サービスの提供など広範な活動を行い，顧客や消費者との良好な関係を確立することから，コミュニケーションとしての概念も包摂している。一般的にこのコミュニケーションが意味する範囲から，2つの概念規定が行われる。

 最も広い概念としては，製品戦略，価格戦略，経路戦略も含めた販売促進に係るすべての諸活動ないし戦略を意味することがあるが，そうなると販売促進とマーケティングが同義に解釈され，両者の関係性が不透明になってしまう。

 AMAによる販売促進の定義を確認する。販売促進とは，「(1) 特有の意味では，面接的販売，広告活動，パブリシティ等を除くマーケティング諸活動のことであり，消費者の購買やディーラーの効率性を刺激するような陳列，展示，展覧会，実演その他定式過程のようには繰り返して行われることがない，販売諸努力である。(2) 小売活動においては，面接的販売，広告活動，パブリシティを含む，顧客の購買を刺激するすべての方法である。」[1]

 販売促進は広義・狭義の2つの観点で理解されるが，マーケティング戦略としての販売促進は，広告，人的販売，狭義の販売促進を含む広義の概念を意

---

1) 日本マーケティング協会訳『マーケティング定義集』日本マーケティング協会，1963年, 51–52頁, (American Marketing Association, *Marketing Definitions: A Glossary of Marketing Terms*,1960.)。

味している。特に狭義の概念を用いる場合には，狭義という形容詞をつけた狭義の販売促進として広告，人的販売を除いたそれ以外の活動を意味している[2]。本章でも，販売促進活動を広告，人的販売，狭義の販売促進の3つに分けて展開する。

マーケティング戦略としてのコミュニケーション活動は送り手としての生産者や販売業者が受け手である顧客や消費者に望ましい売買関係を求めて行われる一連の活動である。この場合，生産者や販売業者はコミュニケーション活動を用いて消費者に製品や企業に関する情報を提供し，製品の購買に繋げようとする。その情報を元に消費者は製品を認知，評価することで購買行動をとる[3]。つまり，コミュニケーション活動は自社企業のための需要創造・開拓をはかる活動であり，その意味では，情報伝達活動や説得活動ともなる[4]。

マーケティング戦略におけるコミュニケーション活動は，プロモーション・ミックスと呼ばれる広告，人的販売，狭義の販売促進活動を組み合わせることでの最大の販売促進効果を発揮することが最も重要である[5]。そのため，コミュニケーション活動は，最適のプロモーション・ミックスが行われるように，広告，人的販売，狭義の販売促進活動のウェイトを考慮することが大きな課題となる[6]。

コミュニケーション活動は先述した3つの活動内容が挙げられる。広告活動は新聞，雑誌，ラジオ，テレビの4つのマス媒体が中心であったが，2000年代以降はインターネットや携帯電話の普及によりデジタル媒体もその重要性を担うようになっている。広告活動は広範囲な消費者を対象に情報伝達を行い，商品を購入するように引き込むプル戦略の役割を果たしている。また人的販売活動は販売員による口頭・会話・態度などの人的手段を通じて，取引業者，販

---

2) 岩永忠康『現代マーケティングの基礎理論』ナカニシヤ出版，1995年，16頁。
3) 上岡正行「広告政策と人的販売政策」森下二次也監修『マーケティング経済論（下巻）』ミネルヴァ書房，1973年，161頁。
4) 森下二次也「経営販売論」馬場克三編『経営学概論』有斐閣，1969年，233頁。
5) 木綿良行・懸田豊・三村優美子『テキストブック　現代マーケティング論』有斐閣，1989年，103頁。
6) 岩永忠康，前掲書，165頁。

売業者あるいは消費者に集中的な情報活動を行うことによって,商品を押し込むプッシュ戦略の役割を果たしている。さらに狭義の販売促進活動は広告と人的販売の2つの活動を補完するものとして,企業内部の関係者や販売業者ならびに消費者への販売促進活動を行う役割を果たしている[7]。これらのことからも明らかなように広告と人的販売はプロモーション・ミックスの中でも中心的な役割を担っている[8]。

狭義の販売促進の活動対象は①社内に対する販売促進,②販売業者に対する販売促進,③消費者に対する販売促進の3つに分類され,これらの活動は円滑な価値実現のために行われる[9]。

企業内部や関係機関に関する販売促進は企業が販売促進の実施にあたり,企業内部で直接的・間接的に関係する部門と協力しあい,全体としての販売促進を遂行することを指す。

販売業者に対する販売促進は企業が自社製品を取り扱う販売業者に自社製品の販売ないし販売促進活動に協力してもらうために,製品の特徴を知らせることや,効率的な陳列を伝達する活動を含んでいる。この活動はディーラー・ヘルプスと呼ばれる。

消費者に対する販売促進は,直接消費者に働きかけ,関心を促し需要を刺激する販売促進活動である。

第2節 広　告

広告は,消費者に製品やサービスなどに関する情報を伝達し,購買欲求を喚起させるための販売促進活動として重要な役割を担っている。テレビ,ラジオ,インターネット,新聞,雑誌など各種の情報媒体を通じて多くの消費者に向けて発信され,重要な販売促進の手段として位置づけられる。広告と似たものに

---

7) 木綿良行・懸田豊・三村優美子,前掲書,117頁。
8) 岩永忠康,前掲書,165頁。
9) 同上,181頁。

パブリシティ（広報）がある。パブリシティは企業が自社に有利な情報を，マス媒体を通じて報道してもらう活動である。広告とパブリシティの相違点は大きく4つある。①広告は有料形態なのに対し，パブリシティは無料形態である。②たんに販売促進の目的だけでなく，場合によっては非営利目的のためにも使用される。③企業は媒体機関に情報を提供するだけであり，掲載や放送を強制できない。④テレビ局や新聞社など媒体機関の名によって報道されるので，媒体の信用力を利用して大きな効果を与えることができる[10]。広告もパブリシティもPR（public relations）活動を目的として行われるが，表向きのPR活動は不特定多数に向けて発信する企業のメッセージとしての性質であり，裏向きのPR活動はテレビ，新聞，雑誌などの記事によるパブリシティとしての性質である。広告活動を行う際にはこの2つのPR活動に取り組むことが重要である。

　AMAによる広告の定義を確認する。広告とは「名前を明示したスポンサー（広告主）による，すべての有料形態の，アイディア，商品ないしサービスの非面接的な提示および宣伝である。」[11]広告は特定の企業のために有料で特定のメッセージを，物的（非人的）手段を用いて行う販売促進活動の特徴を有している。したがって広告は情報伝達活動と説得活動を担っている。

　情報伝達活動は技術的側面と経済的側面の2つから捉えられ，技術的側面では広告の心理的影響による消費者大衆の操作や誘導が行われ，経済的側面では心理的影響を通じて製品の価値の実現が行われる。したがって広告の本質は，物的コミュニケーション活動を通じて行われる製品の価値実現機能にある[12]。

　広告活動は，広告の計画や管理に関する活動である。そこで，広告目標の設定，媒体の決定，予算の決定，効果の測定の観点から考察する。マーケティング全体の目標は長期最大安定利潤の追求にあり，それを達成するための一要素として広告目標は設定される。したがって，広告目標の設定にはマーケティング・ミックスの考慮，その一環としてのプロモーション・ミックスの設定，その関連に

10）橋本勲『現代マーケティング論』新評論，1973年，296-297頁。
11）日本マーケティング協会訳，前掲書，19頁。
12）橋本勲，前掲書，297頁。

おいての広告目標の設定が必要である。広告活動を行うことは潜在顧客に製品や企業に関する一定の好意的反応を与えるが、それだけで即購買とはならない。購買に繋げるためには適切なマーケティング・ミックスが不可欠となる。

　広告目標の設定においては具体目標または手段目標の明確化が求められる。一般に広告目標は広告の種類により異なる。製品広告の目標は消費者の購買動機への訴求であり、企業広告の目標は消費者の愛顧的動機への訴求である。また、企業広告は短期的目標と長期的目標の2つに分けられる。短期的目標は現在の売上高増加であり、長期的目標は商標や企業の名声を高め、将来の売上高増加である。

　広告目標の具体化のために、広告効果を表現する潜在購買者の心理的プロセスがある。どの段階で、どれだけの効果があったかを表現する指標に、知名率→理解率→好意率→意図率→行動率のフローチャートがもちいられ、その効果測定で広告目標の達成度は明らかになる。一般的に知名率は高いが、理解・好意をもつ人々は次第に減少し、購買行動まで移す潜在購買者はきわめて少なくなる。したがって広告目標の設定においては、まず知名率を高め、次いで理解率、好意率、意図率、行動率を順に高めるようにしなければならない[13]。

　広告メッセージが消費者の注意を引き、認知、記憶されるためには適切な手段を通して呈示・伝達されなければならない。伝達の役割を担う広告媒体はそれぞれが機能上の特性を有しており、それぞれの特徴を十分に把握し、対象となる消費者に広告メッセージを最も有効的かつ効率的に伝達できる媒体の選択が重要である[14]。広告媒体は、いくつかの媒体を組み合わせることで相乗効果を発揮する。そのために、最も有効的かつ効率的な媒体の組み合わせを決定して広告媒体ミックスの最適化をはかることが重要である[15]。

　一般的に広告媒体の選定は、視聴者の媒体に対する習慣、製品の呈示のため

---

13) 同上、303頁。
14) 来住元郎「販売管理」三浦信・来住元郎・市川貢『新版マーケティング』ミネルヴァ書房、1991年、222頁。
15) 同上、223-224頁。

の媒体の有効性，媒体のコストという3つの要因を基礎として[16]，量的基準および質的基準でなされる[17]。

量的基準とは①到達率（テレビ・ラジオ・インターネットの視聴者数や新聞・雑誌の購買者数），②到達範囲（媒体が到達可能な地理的範囲ないし市場領域），③接触頻度（特定期間内における特定の媒体に提示された広告メッセージがみられたり，聞かれたりする回数や機会），④単位当たりコスト（特定の媒体に広告メッセージを出稿するために必要な1回当たりのコスト）などである。

質的基準とは①認知率（広告メッセージが認知される確率），②持続期間（広告メッセージが認知・記憶されている時間），③影響率の程度（特定の媒体を通して呈示・伝達される広告メッセージが与えるインパクトの強さ），④表現・訴求力（特定の媒体がもっている色彩，音像，映像などによる広告メッセージの表現・訴求力）などである[18]。

基本的に広告媒体の選択に際しては到達率と接触頻度を最大基準に置かなければならない[19]。そのようにして発信される広告においても効果測定が必要である。マーケティングにおける広告効果は，個別企業の広告目標に対する達成度を意味し，その指標は売上高効果とコミュニケーション効果が中心である。売上高効果とは，広告によりどれだけ売上が増加したかという広告の貢献度を意味する。コミュニケーション効果とは，広告によりひきおこされた消費者の心理的変化の程度を意味する[20]。

第3節　人的販売

AMAによる人的販売の定義を確認する。人的販売とは「販売を実現することを目的として，一人またはそれ以上の見込顧客との対話によって口頭の情報

---

16) 橋本勲，前掲書，305頁。
17) 来住元郎，前掲書，222-223頁。
18) 岩永忠康，前掲書，172-174頁。
19) 来住元郎，前掲書，223頁。
20) 同上，224頁。

提供を行うこと」[21] である。人的販売は，販売員と消費者が直接の人的接触を通して製品およびサービスに関する情報の伝達と購買の説得を行うコミュニケーション活動となる。販売員による人的販売は古くから存在している。最初の販売技術は個人の経験や勘に委ねられていたが，マーケティング論や心理学により販売技術などが研究されたことで，社会的な客観性をもつ近代的な人的販売が確立された。

販売技術の近代化は組織的な教育訓練を可能とし，さらにはマーケティングの発展に伴い体系化にも繋がった。この基本原則をセールスマンシップと呼ぶ[22]。したがって，人的販売は個人の活動ではなく，統合的なマーケティング・コミュニケーション・ツールに組み込まれ，組織的に統一された活動でなければならない。そのために，組織としてセールスマンシップを客観的に整備・体系化するとともに，販売員と他のマーケティング諸活動の相互関係を把握すること，効率的な人的販売ができるように，販売員の組織・管理・統制をしなければならない。

販売員とは製品に対する見込顧客の欲求を喚起し購買の説得を行い，販売を完結させる業務を継続的に遂行する個人であり，販売員のグループを販売部隊という[23]。販売活動も個人として動くのではなく，組織的な展開をしなければならない。したがって販売活動ないしマーケティング活動を有効的かつ効率的に展開するためには，販売部隊の構築と設計が必要である。そのように構築された個々の販売員はマーケティングの発展とともに数的増加だけでなく，種類や役割も複雑化・細分化している。以前の販売員の役割は主として販売行為を完結させることだったが，販売の困難性が増大するにつれ，コミュニケーション活動や説得活動による購買の刺激と販売の促進が中心的な役割となった。

人的販売の中心を担う販売員は販売促進活動においても中心の担い手であり，役割や課業も複雑多岐にわたっている。その役割と課業は以下の5つになる[24]。

販売員は直接，顧客と接触し製品を呈示し売買契約を締結する本来的な意

---
21) 日本マーケティング協会訳，前掲書，44頁。
22) 橋本勲『現代商業学』ミネルヴァ書房，1971年，84頁。
23) 来住元郎，前掲書，234頁。
24) 同上,236-239頁。坂本秀夫『現代マーケティング概論』信山社,1993年,101-103頁。

味での販売員活動に加え，潜在顧客の探索や新規顧客の開拓の役割も果たしている。1つ目の役割が市場創造や市場開発という課業を遂行する創造的販売である。

　市場環境は絶えず大きく変化している。その中で，消費者の欲求や競争企業の動向などについて調査・分析し，結果を企業内にフィードバックしなければならない。2つ目の役割が販売員活動の援助や，市場情報を収集するフィールド・マンの活動である。

　今日の技術革新のマーケティングのもとでは新製品が絶えず開発・販売され，製品自体が複雑かつ多様化している。それを販売する販売員は製品についての技術情報の提供や，使用上の助言をすることが求められる。3つ目の役割がこのセールス・エンジニアの活動である。

　製品の販売には多種多様なサービスが付随する。販売員は価格，配達条件などについて正確かつ十分な知識を有していなければならない。4つ目の役割がこのセールス・コンサルタントの活動である。

　販売員は自己の担当地域を一つの企業のように運営し，時間と費用を効率的に使用して，企業の収益に貢献しなければならない。5つ目の役割がこの財務アドバイザーの活動である。

　販売員活動は非常に複雑多岐に亘っており，そのような意味からも単なる販売という技術的操作の担当者ではなく，企業のマーケティング・コンセプトの代弁者であり，マーケティング機能の遂行者でなければならない[25]。

第4節　狭義の販売促進

　AMAによる狭義の販売促進の定義を確認する。狭義の販売促進とは「人的販売，広告，パブリシティなどを除くマーケティング諸活動のことであり，消費者の購買やディーラーの効率性を刺激するような陳列，展示，展覧会，実演，その他定式過程のようには繰り返して行われることがない，販売諸努力である。」[26]

---
25) 岩永忠康，前掲書，180頁。
26) 日本マーケティング協会訳，前掲書，51-52頁。

第9章 コミュニケーション戦略　*119*

　狭義の販売促進は，販売促進の一領域として人的販売と広告などを補完・補充するものと位置づけられる性格から，高いウェイトを占めるものではなかった[27]が，激化する市場環境を受けて，その重要性は高まっている[28]。狭義の販売促進の目的は①需要の喚起・刺激ないし需要の創造，②販売抵抗の除去，③製品ないし店舗に対するロイヤルティの促進，④販売増進のための調整などがあげられる[29]。これらの活動を通じて全体のマーケティング戦略が最大の効果を発揮できるように最適マーケティング・ミックスを考慮しつつ，その下位に位置づけられる販売促進としての最適プロモーション・ミックスを補完・補充するものでなければならない。

　先述したように狭義の販売促進の活動対象は①社内に対する販売促進，②販売業者に対する販売促進，③消費者に対する販売促進の3つに分類される[30]。

　社内に対する販売促進は社内の宣伝広告部門，販売部門，営業部門などにはたらきかけて，それぞれの活動を助成・強化するとともに，それらをプロモーション・ミックスとして統合，調整し，全体としての販売促進効果を引き出すものである。具体的には，販売部門に対しては，販売員が必要とする各種の製品情報のデータ化，カタログやパンフレットなどの企画・作成などがあげられる。広告部門に対しては，効果的な広告の作成に必要な情報や各種資料の収集・整理・提供などがあげられる。各部門での活動であっても，全社的に広告効果が高まるように，販売会議やセールス・マニュアルの作成，社内コンテストの実施などさまざまな活動を行う必要がある[31]。

　販売業者に対する販売促進は自社製品を取り扱う卸売業者や小売業者に働きかけ，さまざまな形態で販売活動を援助して自社に協力するように方向づけるとともに，流通チャネル全体にマーケティング戦略を徹底させようとするもの

---

27) 岩永忠康，前掲書，180頁。
28) 鈴木孝「セールス・プロモーション戦略」宇野政雄編著『最新マーケティング総論』実教出版，1985年，119頁。
29) 同上，120–121頁。
30) 岩永忠康，前掲書，181頁。
31) 鈴木孝，前掲書，131–132頁。

である。具体的には販売業者を対象に各種のコンテストを実施し，自社製品に対する販売意欲の増進を図るディーラー・コンテスト，生産者による取引先の販売店への経営指導，従業員教育，資金援助，情報提供などを施すディーラー・ヘルプス，POP広告材料や陳列用具の提供，推奨販売員の派遣など小売店での販売助成を行う店頭販売助成などがある。他にも特定の拡販努力に対する報酬として現金などを支給するアローアンス提供や，特別な条件を付帯することでの出荷を促進させる条件付帯出荷なども[32]販売業者に対する販売促進活動に含まれる。つまり，卸売および小売段階において価値実現をスムーズに行えるようなさまざまな活動を指す。

消費者に対する販売促進は，消費者の関心を刺激して需要を喚起し増進させるような活動である。典型的な活動がアフター・サービスである。自動車や家電製品などの耐久消費財は，長期間使用可能なものであるが，使用期間中に部品の交換や修理などのサービスが必要になる。このサービスの提供は一種の販売促進活動として位置づけられる。手厚いアフター・サービスは次の製品の購買につながる可能性が高い。

その他にもさまざまな消費者に対する販売促進は行われている[33]。具体的には，まだ製品を購入したことがない消費者に試用もしくは試食などをしてもらい，製品の価値を認知してもらうサンプリング。消費者を引き付けることを目的とし，製品にクーポンや景品等を付随する，製品以外の要素による販売促進である消費者プレミアム（景品付販売など）。工場見学，展示会，実演会などの消費者教育。その他にも値引，消費者コンテスト，スタンプやポイントカードなども消費者に対する販売促進に含まれる。このように製品の購入に繋げるためにはさまざまな活動が必要である。どの活動も重要であり，その時々に応じて自社のマーケティング戦略やプロモーション戦略に必要な要素を組み合わせることが重要である。

32）岩永忠康，前掲書，183-184頁。
33）同上，184-186頁。

第10章 コミュニケーション戦略
― 芝政観光開発の事例から ―

第1節 芝政観光開発株式会社の沿革と事業展開

　本章では，コミュニケーション戦略の事例として芝政観光開発株式会社（以下，芝政観光開発）の取り組みをとりあげる。本節では，芝政観光開発の沿革と事業活動について概観する。芝政観光開発は1910年に福井県坂井市三国町（当時は坂井郡三国町）で芝生販売業「芝政」として創業した。以来，長年にわたり広大な敷地を利用した芝生の生産・販売・管理を続けてきた。その後，1973年に法人を設立し，みどりの広場「芝政」を開放した[1]。1976年にはパットゴルフ，1980年にはジャンボプールをオープンし，1997年には現在の施設名称「芝政ワールド」となった。以降，芝政ワールドは魅力の原点を「日本海を望む広大な天然芝のナチュラル・リゾート」として来場者を増やしていった。

　しかし，バブル崩壊により来場者は急減することになる。2000年4月期までに売上はピーク時の3分の1程度まで落ち込んだ[2]。その背景にはバブル期の巨大投資を回収できなかったことがある。バブル崩壊後，全国各地の多くのテーマパークが同様の理由から閉園に追い込まれたように芝政ワールドも経営危機を迎えた。芝政ワールドは1983年に地下博物館を建設し，その後，1995年には美術館を増築した。1985年には3,000人を収容できるレストラ

---

1) 当初は無料開放であったが，その後，管理費として入場を有料化するようになった。
2) ピーク時だった1990年には107万人が来場したが2011年には28.8万人まで減少した（筆者によるインタビュー2016年10月5日）。売上高は1992年4月期には40億円超だったものが，2010年4月期は12億円超にとどまり，4,498万円の営業赤字を計上した（『日本経済新聞』2011年3月4日）。

ン「芝生の館」(現在は子供が遊べる施設「キッズパラダイス」)を建設した。1980年代から1990年代にかけてのこうした箱物投資と「ウォータースライダー」，アイススケート場，室内温水プールなどの相次ぐ設備投資は有利子負債を膨らませ，財務状況を逼迫させた[3]。

そのため2011年3月には株式会社企業再生支援機構[4]による支援が決定し，経営再建に取り組むことになった。その内容は会社分割方式で不良債権を切り離し，事業と直接関係のない資産を売却するなど大幅なリストラの実施であった。この再建にあたり福井銀行は123億円超の債権を放棄したとされる。同年5月には全額出資の新会社の芝政観光開発を設立した。2012年にはエル・ローズ グループ[5]の完全資本となった。その後，芝政ワールドは日本海側最大のスケールを生かし，県内外から多くの観光客を呼び込んでいる。「日本海と芝生の遊ぶテーマパーク」として，笑顔と感動を届ける場所，来場者へのおもてなしなどを心掛けたサービス内容の充実を図り，各種イベントも開催している。さらには，観光ニーズに対応しながら地元との共生を図り，「地元に愛される場」を目指している[6]。

現在(2016年10月時点)の事業は芝政ワールドの単一事業であり，事業内容は施設内の①遊園地，スポーツ施設，その他観光レジャー(アトラクション・イベントなど)事業，②オートキャンプ事業，③レストランでの飲食事業，売店での物販事業などである[7]。経営再建にむけた取り組みとしてコミュニケー

---

3) 箱物投資は，高級感やアートへのこだわりと頑丈な造りの特殊建築だったことが投資増大の原因となった。また，遊戯施設の更新コストが収益に見合わないものもあった。(営業利益は出ていたもののそれ以上の金利負債があった。)
4) 現在の株式会社地域経済活性化支援機構(2013年3月より商号変更)。
5) エル・ローズ グループは，「美と健康，感動の創造」をテーマに，美と健康，ライフスタイル，トータルカーライフ，ビジネスサポート，地域貢献，レジャー・観光の多彩な事業を展開している。
6) 芝政観光開発株式会社「会社概要」(2016年4月1日現在)。
7) 創業時は芝生販売の単一事業だった。芝生販売は1973年の芝政ワールド開業後も続けていたが不採算部門であったため，1990年代半ばに芝生販売事業を売却し，現在はテーマパークの単一事業となっている(選択と集中のなかでテーマパーク事業に集中)。

ション戦略に関わるところが大きく影響していると考えられる。次節以降ではコミュニケーション戦略に関する内容についてみていく。なお，以下の節については第9章に対応した形で構成する。

第2節　広　告

　芝政観光開発の売上は芝政ワールドの来場者数に直結する。芝政ワールドでは，来場者の大半がプールやアトラクションを1日遊び放題できるスーパーパスポートを購入するため，1人当たりの利用金額は例年変わっていない。そのため芝政観光開発の売上は芝政ワールドの来場者数に直結する。本節では芝政観光開発が経営再建に向けて執った広告活動について論じる。

　芝政観光開発は芝政ワールドの広告活動にあたり，効果を上げるには「強みを明確化」することを強調している。芝政ワールドの強みとして明確化していることは主に次の内容である[8]。

- 東京ドーム約12個分（560,000㎡）の広大な敷地と芝生の広場は他に類をみない（写真10-1）。広大な敷地と自然に囲まれたロケーションを生かしたさまざまなイベントを開催している。
- プールエリアは国内最大級で50本を超えるスライダーを有する。「トリプルザウルス」は2005年にギネス世界一のスライダーとして認定された[9]。2014年からは夜のプール営業「スターライトプール」を開催し，期間中は22時までの営業をしている。日焼けを嫌う女性やスライダーの待ち時間緩和など大変好評である。
- 2016年7月に導入した巨大スライ

写真10-1　芝政ワールドの全景

出所）芝政観光開発提供。

---
8) 筆者によるアンケート（2016年10月）より。
9) チューブスライダーの長さと高さで認定された。

ダー「ザ・モンスタースライダー」は6人乗りの大型の浮き輪を高さ約26mからスタートし，直径約30mのすり鉢の中に大きく横揺れしながら落下するという世界初のスライダーである（写真10-2）。

その他にも施設内の直営売店では，海産物や地元の製菓会社の製造による「芝政ワールドオリジナルお菓子」の販売をするなど施設のオリジナル商品も多い[10]。

写真10-2 ザ・モンスタースライダー

出所）芝政観光開発提供。

さらに，2012年以降は団体客の誘致にも力を入れた。具体的な取り組みとしては，①北陸3県（福井・石川・富山）の保育園・幼稚園・小学校・中学校・高等学校の入場無料を売りにした遠足の営業，②関西・中京エリアなどへの団体・法人への営業，③会社・団体でのレクリエーション・親睦会・運動会（チームビルディング）の開催に関する法人への営業，④福祉団体・施設への営業，⑤子供会プラン・学生プランの充実，⑥グラウンド・ゴルフ大会誘致の強化，⑦関西方面からの直行バスの誘致，などである。

一般来場者向けの広告としては，テレビCMやインターネットを中心に行っている。芝政ワールドの来場客からのイメージは「夏のリゾート」であろう。ウォータースライダー，パットゴルフ，アーチェリーなどといったアトラクションの目玉が屋外にあるため，冬期の来場者減少の対策をどうするかは以前から課題としてきた。費用対効果の関係から2013年までの5年間は12月～2月までの約3か月間（冬期）は営業をしていなかった。しかし，経営再建の目途が立ってきた2014年からこの期間の営業を再開した[11]。それでも実際のところは売上見込みは夏の期間が大きいのが現状である。CMなどの広告宣伝費も夏期が圧倒的に大きい。大勢の来場者を見込める夏期には関西地区や中部地区

---

10) 今後はブランド力を高めるためにも品質面などさらなる改善に努めている。
11) 週末，クリスマス，年末年始など集客が見込める日を特定した営業。

など広範囲にテレビ CM を流しているのに対し，冬期は放映地区を地元に限定せざるを得ない。2014 年には地元のテレビで「冬の芝政を感じてください」というキャッチフレーズの CM を流し，冬期の入場無料など地元からの来場者を取り込むことに努めた。ホームページではイベントスケジュールや営業時間，さらには近隣での観光イベントなどの情報について随時最新なものに更新することでホームページへのアクセス数を増やすようにした。

　その他の広告手段は，交通広告（野立て看板を含む），福井新聞・地元マスコミ誌への広告掲載，地元旅館・福井県内の主要観光施設（福井県立恐竜博物館，東尋坊など）へのパンフレット・ポスター・チラシ配布，行政団体（福井県をはじめ，坂井市，あわら市他，公益社団法人・商工会・組合，観光関係の連盟・協会・協議会・委員会）の総会や会合などの積極的な参画・協賛などといった観光ニーズにも対応した内容となっている。

　芝政ワールドでは大手旅行社への営業活動，関西・中京圏の旅行代理店への営業，観光商談会への参加などさまざまな営業活動をしている。しかし，北陸地方を代表するテーマパークということもあって旅行会社側や近隣の宿泊施設側からの営業アプローチも多い。夏期になると近隣の芦原温泉の宿泊客の大半は芝政ワールドに来場する。こうした現状から旅行会社や宿泊施設から観光プランの目玉として芝政ワールド来園を盛り込む提案やイベントの問い合わせがある。

　第 9 章で述べたように，広告は表向きの広告，つまり消費者（芝政ワールドの場合，来場見込者や旅行会社や宿泊施設など）を対象するだけでなく，裏向きの広告，つまりパブリシティ（広報）も含めて考える必要がある。

　芝政ワールドの場合，パブリシティは地方局はもとより全国キー局からも取材の依頼がある。また，旅行関連雑誌，観光案内所のフリーペーパーの取材依頼も多い。その際，芝政ワールドとしては前述したような自社の強みを PR するものの，パブリシティの場合，その内容はマス媒体側主導ということもあって，取材者側の目線での広告内容となることもある。

第 3 節　サービス活動

　コミュニケーション戦略の構成要素には人的販売が含まれる。ここでは芝政観光開発の事業がテーマパーク（サービス産業）ということで人的販売を従業員のサービス活動として説明する。

　バブル崩壊を契機にテーマパークは勝ち組と負け組の二極化がみられた。その時代になると「顧客満足経営」,「サービス経営」という用語が広く普及した。2012 年にエル・ローズ グループになって以降，芝政観光開発では経営再建に向けて従業員に対する社員教育の強化と接客サービスレベルの向上を図った。具体的には専門資格取得支援，外部講師によるロールプレイによるビジネスマナー向上支援，全国観光施設の視察研修，社内レクリエーションなどである。

　サービス活動においては，来場者の声を反映することはリピーター増加に向けて大きく起因する。事実，勝ち組といわれる東京ディズニーリゾートやユニバーサル・スタジオ・ジャパンが年間パスポートを発行しているのはそれだけリピーターがいることを意味する。

　芝政ワールドでは来場者の声をどのようにして収集し，それを営業活動に反映しているのだろうか。

　この点については，芝政ワールドでは次の取り組みをしている[12]。

- 来場者に直接ヒアリング（夏期は来場数の 5％を目安にアンケート実施）
- 主要イベント時（GW 期間，夏のプール期間，同社主催イベントなど）に各部門単位で「ふり返り報告書」を作成し，社内でフィードバックして情報共有
- 「接客サービス向上委員会」の設置
- 「福井県観光おもてなし認定制度」の活用（認定資格の取得）
- SNS モニタリング調査の活用

　その回答についてはできるだけ早い期間内（内容にもよるが原則的には数日以内）に電話・E メールによって回答する。要望については可能な範囲で反映さ

---

12) 筆者によるアンケート（2016 年 10 月）より。

せることで客の満足を得ている。こうした意見については来場者だけでなく、旅行会社や宿泊施設などといった関係者からも収集することで、多角的視点で物事を捉えながら顧客満足を実現する努力をしている。

また、従業員の資格支援として、ビジネスマナー関連の各種検定（社会人基礎力向上）、旅行業務取扱管理者（観光サービスの知識・技術向上）、WEBデザイナー・イラストレーター（ポスターやPOP広告の技術向上）、フォークリフト・玉掛け（施設内設備などの管理）など幅広い分野にわたる。

本節ではこれまでサービス活動について述べてきたが、その根本にあるのは芝政観光開発の経営理念である。前述したように芝政観光開発はバブル崩壊後、銀行管理下におかれ、その後、企業再生支援機構による梃入れを受けた。当時、社員にどういう目的で仕事をしてもらうかが重要になった。

2012年、エル・ローズによる株式取得で経営者が変わり、新生芝政になった時、芝政観光開発の経営理念を明確にした。

経営理念を「全従業員の物心両面の幸福を追求する」とした。その実現に向けて、まずは「地元に愛される場」として客に喜んでもらうことが必要であり、そのためには高いサービスの提供が必要である。それは我々のためであり、客や利害関係者のためにもなる。収益が上がり納税するということも社会貢献である。こうした理念を明確化するため、仕事観（マインド）の向上、帰属意識の向上、モチベーションの向上を図るための取り組みを行った[13]。毎期目標数値とスローガンを定め、朝の朝礼で唱和したり、毎日の朝礼終了後のミーティングでは業務が円滑に流れるようコミュニケーションを密にする場を設けた。さらに業務・サービスの改善や新たな施設・企画への提案[14]についてもこの場で意見が出せるようにした。「地元に愛される場」にむけた取り組みとしては、障がい者の雇用創出、冬期営業（入場無料）、主要イベント時などでの地域住民への定期的な挨拶などがあげられる。その結果が従業員の一体化とサービス

---

13) 人事処遇制度（社員の賃金、諸手当、評価制度、福利厚生制度）の見直しをした。
14) 屋内施設のキッズパラダイスの一角に、0〜2歳までの子供が安心して遊べる専用エリアを新設した。他にも施設の稼働率を上げるようなものについて社内で考えている。

活動の向上を生み出したといえよう。

第4節　狭義の販売促進

本節では狭義の販売促進としてイベント活動を中心に述べる。

芝政ワールドは年間でさまざまなイベントを開催している。年間メインイベントのプールの夜間営業や花火の打ち上げをはじめ，マラソン大会，ヨガ，フラダンス，ふれあい動物園など月に1，2回イベントが開催され，幅広い分野・年齢層が楽しめる内容となっている[15]。

イベントのなかには，入場無料のものがたくさんある。入場無料については，通常の有料時には来場してもらえないのではないかという懸念もあったが，地域住民とのふれあいを大切にし，まずは来場してもらうことを優先させることを考えた。これは前経営にはなかった考えである。それをきっかけに冬期でも来場してもらい充実したサービスを徹底した。

過去には屋内プールとスケートリンクを冬期営業していたこともあったが近年は閉園していた[16]。2014年から再開した冬期営業日は週末，クリスマス前後，年末年始である。冬期営業再開の1年目（2014年）は「冬の芝政を感じてください」がCMのキャッチフレーズであった。アトラクションやレストランの利用客で結果的にプラス収益になるという考えもあって入場無料とした。2年目（2015年）は正月にイベントを開催した。この時も入場無料で1日に3,000人以上の来場者があった。今後はプールの更衣室（以前はスケートリンクだった）を利用した屋内ファンタジックイルミネーションを催し，営業日数も昨年より増やしていく計画である。イベント開催は冬期の入場者数を増

---

15) なかでも「FBCリレーマラソン in 芝政」（FBC福井放送主催）は特に人気が高く，選手と応援者を合わせて10,000人以上が来場する。その他にも「北陸ヨガフェスタ」（福井テレビ主催），「グリーンフラ（日本海が一望できる芝生の上でフラダンス）」（FM福井主催），「ふくい学生祭（福井県内の大学生による合同大学祭）」（福井県，福井県内の大学主催）などがあり，芝政ワールドが特別協力している。

16) ランニングコストが嵩むことが閉設の理由であった。

加させるために欠かせない存在である。

　2016年には新たなイベントとして，6月に福井県との連携で「ふくい学生祭」を開催した。県内の6つの大学・短大と県が中心となり第1回目の開催が実現した。また，9月には福井では初めての開催となる"Color Me Rad"[17]を開催し，若者を中心に2,000人以上が参加した。テーマパークだけではファミリーに限定されやすいが，カップル，親子連れ，3世代家族，そして幅広い年齢層から支持を得るためにもイベントは効果的である。また，イベントの特性により企業からの協賛を得ることも可能である。

第5節　まとめ

　本章でみてきたように芝政観光開発の経営再建に向けたコミュニケーション戦略に関する取り組みは大きな成果を上げた。来場者数の推移は，企業再生支援機構の支援を受け，エル・ローズ グループの完全資本となった後は2012年が36.6万人，2013年が34万人，2014年が40.5万人，2015年が46万人，2016年は55万人（2016年10月時点の見込み）である。
　この結果は既存設備の有効活用，イベントの開催のほか，地域・企業・学校との連携をしたことが大きな要因である。2012年以降，それ以前は地元との関わりをほとんどもたなかった経営体質を改善し，地域とのコミュニケーション戦略の取り組みの重要性を認識するようになった。企業との連携については地域名産品の販売，自社のオリジナル商品を地元企業と共同開発，地域と連携してイベントの企画などを行った。三国温泉，芦原温泉，加賀温泉といった近隣の観光地や宿泊施設との連携は，滞在型観光という形で観光客を呼び込むことを実現している。
　コミュニケーション戦略を効果的に進めるために，芝政観光開発は，企業や地域との良好な関係の保持に向けて次のことに留意している[18]。

---

17) アメリカ発祥のカラーパウダーを浴びながら走るファンランイベント。
18) 筆者によるアンケート（2016年10月）より。

- 新年度前に実施する「経営方針発表会」に芝政ワールドのテナント会社もオブザーバー参加。
- 主要イベント開催時，芝政ワールドのテナント会社もミーティングなどに参加。
- 最新情報を「企業広報誌」にまとめ，主要取引先などに定期的に案内。
- トピックスの最新版管理を徹底し，ホームページを充実。
- 前述のとおり北陸3県の保育施設や学校の遠足の入場料を無料化。
- 新アトラクション導入などの際，事前内覧会の実施。
- 地元愛好者向けの「グラウンド・ゴルフ大会」の充実。
- 障がい者の雇用創出[19]。

こうした連携が地元企業や地域住民との共存共栄を生み出し，社会的企業として確立しているのである。

芝政観光開発では将来の方向性として次のことを目指している[20]。

- 今後も新規の設備と改善を繰り返しながら施設全体の充実を図っていく。
- 例えば温浴施設や飲食施設など3世代がゆっくりと楽しめる施設を考えたい。ポイントとなるのは女性の視点と考える。花木や花で楽しめるエリアを充実させたり，飲食や物販を強化し芝政でしか味わえないメニューをつくる。
- 現在の関西，中京からの集客から関東，さらにはインバウンドを見据えた集客を考える。旅行会社を設立し関東や海外に拠点を向け独自の集客を行う。
- 収益はまず「社員への還元」を行い，次に「投資」と「蓄積」，この3つを継続的にバランスよく行う。従業員が安心して働ける環境を築く。

これらの方向性にむけた経営活動においてもコミュニケーション戦略の活動内容は深い関わりをもっているのである。こうした活動こそが潜在顧客を顕在顧客へと変えていくのである。

---

19) 障がい者の就労支援の場として業務を委託されており，福井県のモデル企業にもなっている。
20) 筆者によるアンケート（2016年10月）より。

参考文献・参考資料

株式会社企業再生支援機構『再生支援案件事例集』2012年11月。
『日本経済新聞』2011年3月4日。
『日本経済新聞』2016年5月19日。
株式会社エル・ローズホームページ，http://www.elle-rose.co.jp/（2016年10月19日アクセス）。
芝政観光開発株式会社ホームページ，http://shibamasa.com/company/（2016年10月19日アクセス）。
芝政観光開発株式会社へのアンケート調査（2016年10月）による内容。
芝政観光開発株式会社へのインタビュー調査（2016年10月5日）による内容。

第11章　リサイクル戦略

第1節　環境マーケティング

　1970年代の公害問題やコンシューマリズムの台頭により，顧客ニーズの充実だけではなく，消費者やコミュニティ全体の利益との調和をも目指す，ソーシャル・マーケティングが生成した。その後，環境問題への対応の重要性が高まるなかで，ソーシャル・マーケティングの考え方はさらに地球規模の環境問題へと拡張し，環境を志向した環境マーケティングが生成する。この環境マーケティングは，環境志向的マーケティング，グリーン・マーケティング，エコロジカル・マーケティング，サステイナブル・マーケティングなど，研究者によって多様な表現が用いられている。

　環境マーケティングとは，組織が活動をするうえで，経済性と環境保全の両立をはかるために，環境負荷の軽減と資源循環を念頭においた持続可能な発展を実現するマーケティング活動である。環境マーケティングでは主に，①製品の生産現場における省エネルギー対策，②製品の企画段階から最終的な消費後の残余物の還元に至るまでの循環と環境負荷軽減を考えた製品開発，③廃棄物におけるバックワード・チャネルの構築に関する3つの分野を研究対象としている。

　バックワード・チャネルの構築に関しては，多くの企業で整備がなされてきた。しかし，多くの中間処理業者においては，廃棄物処理に関するコストの問題が生じており，経営の継続が困難な状況にある。

　本章では，「地域」と「森」を守ることを志し，中間処理業者からメーカーへと転換する富山県のアイオーティカーボン株式会社を事例としてみていく[1]。

---

1)　本内容は，2016年8月10日（水）13：00～16：00にアール・タチバナ株式会社

第2節　IOTCの概要

1. IOTCにおける設立の経緯と理念

　アイオーティカーボン株式会社（以下：IOTC）は，2002年2月28日に，橘開発株式会社，他2社により設立した。その後，2012年7月31日より株主変更をし，3社から橘開発1社となっている。同社は，「森を守りたい」「森と接する業務を通じて地域を守りたい」という意志から，今後，森（自然）と共存すべきライフスタイルを社会に提案したいとしている。

　次に，IOTCの設立の社会的背景についてみると，①富山市では，年間4.5～5万tの家屋解体材が発生し，その多くが焼却されていた，②2002年12月のダイオキシン類対策に伴う焼却処理の規制強化により，基準に合わない焼却施設の操業規制が一層強まり，富山市での処理可能施設の不足が見込まれていた，③そして家屋解体材が特定建設資材に指定され，再生利用が促進されたことにより，焼却するだけでなく木くずの再資源化・製品化を行う事業の必要性が高まっていた，などをあげることができる。このような背景からIOTCの社会的必要性は高かったといえる。同社は，これらの社会情勢の変化の中で，あらゆる廃棄物をゼロにする事業を目指す「ゼロ・エミッション構想」を基軸に，経済産業省と環境省によって創設されたエコタウン制度を活用し，2002年に全国で16番目に，北陸で初めて承認された「富山市エコタウン」（富山市岩瀬）にある。富山市エコタウンは，富山市が「環境にやさしい循環型のまち」「環境の保全および創造に向けて参加・行動するまち」という目標のもとに計画した資源循環拠点の産業団地である。なお，同社は，資本金7千万円，従業員数16名（2016年10月現在）の中小企業である。

　同社は木質系廃棄物や未利用木材などの木質系資源を原料としたリサイクル

　専務取締役橘泰行氏，橘グループ管理部取締役副部長橘芳美氏，アイオーティカーボン株式会社所長代理越後厚志氏にアール・タチバナ本社ビルにてインタビューしたものである。

製品の開発・製造を通して，社会に貢献することを目指し，次の3点を企業理念としてあげている。それは，①木質系廃棄物リサイクル事業を通じて，持続可能な社会の実現に貢献する，②優れたリサイクル木炭製品を通じて，人々のくらしをスッキリ快適にする，③地域や事業にかかわるすべての人々と共に成長し，変化と革新に挑み続ける，である。そのため，事業活動では，すべての過程において地域環境と地球環境への影響について考え，その保全に取り組むことを志している。

2. IOTC の事業内容

同社の事業内容は，建設廃材，木質パレット，伐採木，ダム流木，剪定枝葉などの木くずの破砕・選別・炭化，炭製品の企画・開発，製造，販売および炭関連資材の輸出入，販売である（図11-1）。特に炭製品については，国内最大級の高温炭化炉を用い，年間約100tの木炭を製造し，それを土壌改良材，床下調湿炭，雑貨製品に加工販売している。また重油の代替燃料や紙の原材料として木チップの製造販売も行っている。企業においては製品の原材料を購入し，生産・販売するのが一般的である。しかし，同社は廃棄物処理業者であるため，廃棄物を排出する企業から有料で原材料を引き取っている。そのため，他社と

図 11-1　IOTC の事業内容

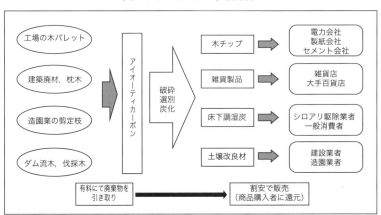

出所）IOTC からの提供資料を基に筆者作成。

の価格面での競争を優位に進めることができ，消費者に対して割安な商品提供が可能となっている。

次に廃棄物処理現場における省エネルギー対策についてみていく。同社では，電気使用量，軽油，ガソリン，重油，灯油，LPG，上水道を通じて，排出温室効果ガスの削減に努めている。電気使用量について，これまで同社にもち込まれた木くずは破砕後に炭化処理をしていた。しかし，木チップによる商品化を図ることで，炉の電気使用量を削減している。これまで同社の廃棄物処理現場では，水銀灯を約100灯使用してきた。改善のため，生産現場での水銀灯の不要個所を検証し，現在は60灯の使用にまで減少するだけでなく，有害な水銀の処理問題も配慮して，順次LEDに買い換えている。軽油については，同社へもち込まれる木くずの量の増加に伴い，その処理量も年々増加傾向にある。それに起因し，荷捌きのための重機の燃料使用量も増えてきた。そこで，同社では2014年2月に重機（ホイールローダー：0.4重機の2台）を省エネタイプに更新し，燃費効率の向上に努めている。LPGや上水道については，木炭ボードの乾燥に使用するLPGや炭化炉に使用する上水道も運転時間の短縮により，使用量が大幅に減少できた。そして冬期の暖房目的で使用する灯油についても，今日の地球温暖化の影響もあり，結果として使用量が減少傾向にある。しかし，営業車両で使用するガソリンと，炉の点火剤として使用する重油に関しては，事業活動の拡大に伴う車両の増加，また従業員の疲労軽減のために点火回数を増加[2]させたことにより，この2点については使用量が増えている。

このように，ガソリンと重油については，使用量が増加したものの，同社の努力による使用エネルギーの効率が高まり，2015年度は2011年度に比べて，排出温室効果ガスの約3割の削減を実現できている（表11-1）。

---

2) これまで炉の運転を1週間連続して運転していたが，社員の疲労を考慮し，日中のみの運転に変更した。そのため，炉の点火回数が増え，結果，点火剤である重油の使用量が増えることにつながった。

表11-1 排出温室効果ガスの推移

年度	ⓐ木くず処理量 (t)	11年比%	ⓑ排出温室効果ガス kg-CO2	11年比%	ⓑ÷ⓐ t当たりの排出温室効果ガス	11年比%
2011年度	4,213	100	269,076	100	63.9	100.0
2012年度	5,464	130	259,775	97	47.5	74.3
2013年度	5,295	126	271,808	101	51.3	80.3
2014年度	8,162	194	301,677	112	37.0	57.9
2015年度	6,680	159	303,836	113	45.5	71.2

出所) IOTCからの提供資料を基に筆者作成。

第3節　IOTCの製品

1. 製品の特長

　同社では，河川やダムの流木，家屋の解体材などの廃木材を原料として，高品質な木炭や木炭製品を製造している。炭は燃料以外にも，古くから「水の浄化」や「保存の調湿剤」として生活の中で用いられてきた自然の機能材である。炭は大小さまざまな孔（空洞）をもった物質であり，湿気や臭いを吸着する特徴を有している。特に高温で製造された木炭は，腐触変質をしない安定した物質となる。同社の扱う「高温炭化木炭」は，700〜800℃の高温で一気に炭化することで，木炭に多くの孔が生まれ，比表面積が350〜450㎡／gと，非常に大きく，吸着力に優れた高機能な木炭となっている。一般の備長炭の比表面積が40㎡／gであることから，同社で製造した高温炭化木炭は，その10倍の性能をもつ。これにより，①ベンゼン，トルエンなどの揮発性有機化合物質（VOC）に対する高い吸着性能，②アンモニア，硫化水素，アセトアルデヒドなどの悪臭ガスを吸着する脱臭効果，③湿気を吸放湿することで温度変化を抑制する調湿性能，を高めている。

　図11-2は同社の製品である木炭の各種ガスの吸着性能を調べたものである。各種ガスを入れたデシケーター（14.1ℓ）に木炭30gを入れてガス濃度の変化を測定した。この結果から1時間程度でほとんどの各種ガスを木炭が吸着していることがわかる[3]。このように，同社の高機能木炭は化学物質の吸着性

---
3) 硫化水素のみ，木炭量は5gでの測定となっている。

図 11-2　IOTC 木炭の各種ガス

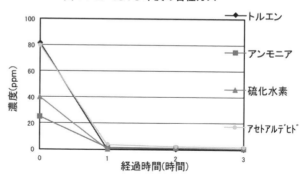

出所）IOTC からの提供資料。

能，脱臭性能，調湿性能に高い効果を発揮しており，しかも短時間で効果が期待できることから，シックハウス症候群などの改善策として活用されている。

2. 製品の内容

同社で企画・開発された製品は，①炭化と②チップ化に大別できる。まず，炭化製品についてみていく。同社では，国内最大級の高温炭化炉で製造した高機能木炭の特徴を活かした，環境に優しい独自製品を企画・開発，製造，販売している。

「アイオーティ木炭 I・II」製品は，軽量ながら水や肥料を溜め込む保水性・保肥性の能力に優れている。そのため，有機農法用の土壌改良材としてはもちろんのこと，建物の強度を懸念する屋上緑化資材としても販売しており，東京電機大学の校舎の屋上でも使用されている。また，植物の成長には，根からの養分吸収が重要であり，根の発根を促す同社の製品は，全国の造園業や農家，建設業者などに直接販売されている。

「床下調湿炭」製品は，木炭を通気性の良い不織布の袋に詰めたものであり，木造家屋の床下に詰めることにより，湿気を除去し，カビ，腐敗防止になる。販売先は主に，シロアリ駆除業者や一般消費者などであるが，県外の寺院からの依頼により，国宝仏像の保存にも使用されている。

写真 11-1　炭草花シリーズ

出所）IOTC 提供。

「炭草花シリーズ」製品は，ブーツキーパーをはじめとするシューケア用品，収納・クローゼットケア用品などの雑貨製品である。これまで同業者の多くは，コストを低く抑えることのできる燃料としてのチップ販売が一般的であり，設備投資を行うことで土壌改良材や床下調湿炭までを取り扱うケースは少ない。そのような状況において，同社では雑貨製品の企画・開発しており，この点に特徴がある。

同社では炭草花シリーズ製品の販売にあたり，小売店舗の展開が困難であることから，次のような販売方法をとっている。同社の機密保持契約の関係で具体的な店名の公表は控えるが，有名セレクトショップ，雑貨ショップ，大手百貨店，大手カタログ販売，そして大手 WEB 通販などと契約している。その他，一般消費者向けに自社オンラインショップもある。

今後は東京オリンピックに向けて，地下鉄電車内のトイレ脱臭として同社の木炭ボードが使用できないか検討している。また，最近では同社の炭化製品の人気がヨーロッパで高まる傾向にあり，そのため，2016 年 9 月 27 日に開催される「炭草花商談会 in ベルリン」の展示会が決まっている。

次に，チップ化製品については，製紙原料と燃料とに大別できる。前者は県内主力製紙会社へ，また後者は，重油の代替燃料として大手セメント会社や電力会社へ販売している。

その他，県内の石窯ピザやパン製造の食品関連会社から，富山県産の薪を購

入したいとの強い要望があり，2014年5月に薪工場を取得し，製造販売を行っている。主な販売先は，県内のホームセンター，薪ストーブ・暖炉販売店，自然派ハウスメーカー，農業ハウス，パンやピザを扱う飲食店，そして一般消費者である。

同社では顧客に対して，安心・安全な高品質製品を格安で提供することを目標としているため，マスメディアを利用した広告は行っていない。基本的にプロモーション政策は，パブリシティ，クチコミ，そして展示会によるものがほとんどである。これまでパブリシティとして，『フローリスト』『ナチュラルな服と毎日使いたい雑貨』『MAQUIAマキア』『オレンジページ』『BAILA』『クロワッサン』『BEGIN』『Mono Max』『デニムスタイル』『an・an』『CanCam』などの雑誌に「炭草花シリーズ」が取り上げられている。その他の製品についても，地方紙・全国紙の新聞に記事が掲載されるなど，同社への取材は多い。

3. IOTCにおける経営課題と新たな製品開発

同社は木質系廃棄物や未利用木材などの木くずを原料として，リサイクル製品の企画・開発，製造，販売を行っている。特に脱臭や調湿機能といった炭の特性を生かしたオリジナル炭グッズを開発し，「炭草花シリーズ」としてブランド化することで売り上げを伸ばしてきた。また，炭草花シリーズは，部屋を彩るインテリアとして，クローゼットやごみ箱，ブーツなどとともに暮らしのシーンに溶け込む洒落たデザインで提供し，リサイクル品の新しい可能性を提案している。しかし，前項からもわかるように，同社の製品の多くは，長期にわたる効果の持続性，製品の耐久性にも優れている。つまり，既存の顧客における買換え需要が少なく，そのため継続的に新規顧客を獲得しなければならないという課題が生じてきた。そこで，新たな製品開発に取り組むこととなった。課題解決として考案したのが，猫のトイレとして使用する「猫砂」である。

猫砂の製品開発に至った根拠は，①矢野経済研究所がまとめた2014年4月18日の『日経MJ』に，2014年度のペット関連の市場規模が1兆4千億円を超える見通しという記事が掲載されていた点，②（一社）日本ペット用品工業

会の調査では，2013年度と2014年度の出荷額を比較すると，猫用品の出荷額の前年比が最も高い伸びを示していた点，③猫のトイレに使用する猫砂は使い捨ての製品であるため，飼い猫の数が極端に減少しない限り，猫砂の需要はある程度，維持できると見込んだ点，④そして炭花草シリーズで取引のある大手通信販売関連会社などから，活況なペット市場向けの脱臭製品開発に対する強い要望があったからである[4]。

　猫のトイレに関する既存製品は，紙系，植物（おから）系，木系，シリカゲル系，鉱物系，その他に分類できる。紙系，植物系は「軽い，リサイクル製品」，木系とシリカゲル系は「リサイクル製品」，鉱物系は「消臭効果」が高いものの，「重い，不燃ごみ」という特徴を有している。そこで，同社は「軽い」，「環境にやさしい」（リサイクル製品），「消臭効果が高い」を目標として，製品開発に取り組むこととなった。それが，強みとする脱臭能力の高い軽量な木炭入りの木質ペレットの猫砂であった。これまで開発してきた製品には，チップ化製品と炭化製品とに大別されてきた。しかし，新たに開発中の猫砂は，チップ化と炭化を融合させた製品ということになる。この発想の転換により，新たな製品を誕生させた。今後は2016年11月30日から12月2日に東京ビッグサイトで開催される「中小企業　新ものづくり・新サービス展」に猫砂を出展する予定である。

第4節　社会貢献と社会的評価

1．社会貢献としての環境教育

　IOTCでは，2003年より毎年1,000名以上の施設見学者を受け入れ，廃棄物発生抑制，リサイクルの推進による環境調和型まちづくりの実現に向けた啓発の場として，情報発信している。教育機関からの要望があれば，小学生から

---

[4] IOTCが閲覧した内容は，一般社団法人日本ペット用品工業会のHPに掲載されており，現在は2015年度の調査結果まで更新されている。http://www.jppma.or.jp/statistics（2016年10月19日アクセス）。また『日経MJ』については，2014年4月18日11面に掲載されている。

大学生を対象に環境教育の講義も行ってきた。

特に 2015 年 10 月には，国立富山高等専門学校国際ビジネス学科（以下：富山高専）の学生を対象に環境教育の講義を行った。同社では，社員からの一方的な講義を受けるだけでは学生への理解が深まらないという理由から，2015 年 10 月～ 2016 年 2 月にかけて富山高専との協働授業も実施してきた。その協働授業の内容とは，同社のバックワード・チャネルについて学習したのちに，同社の炭花草シリーズ，その中でもシューケア用品のデザインを学生に委託し，さらにその販売価格を考えさせるというものであった。これにより，学生はリサイクル製品について愛着が増し，リサイクルについての理解を深めるだけでなく，コストを踏まえたうえで，企業の価格設定の方法までを学習してもらうことが可能になると同社は考えた。学生がデザインした製品（写真 11-2）は，富山高専の大学生協で 2016 年 4 月より販売している[5]。

写真 11-2　協働授業によるシューキパー

出所）IOTC 提供。

2. 社会的評価

IOTC では，廃棄物由来の木くず原料を有効に活用することが高く評価され，2007 年 2 月に農林水産省農村振興局長より，「平成 18 年度バイオマス利活用優良表彰」を受けた他，2012 年 2 月には，環境負荷低減に配慮した事業活動について，財団法人とやま環境財団より，「エコアクション 21 富山県環境活動レポート大賞」優良賞を受賞した。また，この事業活動で実践されるコンセプトとデザイン性に優れた雑貨製品「炭花草シリーズ」

5）これに関しての記事は，『北日本新聞』2016 年 3 月 12 日朝刊 34 面と『富山新聞』2016 年 3 月 12 日朝刊 42 面に掲載されている。

は，富山県から「明日のとやまブランド」として認定され，多くの百貨店や雑貨関連の店舗，大手通販で販売されることとなった。

第5節 まとめ

本章では，IOTCを事例に中間処理業者のリサイクル戦略をみてきた。多くの中間処理業者は，受け入れた廃棄物の処理・処分コストの面で問題が生じ，経営が困難な状況にある。IOTCは，これらの問題を解決するために，受け入れた廃棄物を製品づくりのための原材料としてとらえ，中間処理業者でありながらメーカーへと転換しつつある。また，同社は社会貢献を重視した結果，社会的な評価を受け，売り上げにつながっている。今後，多くの中間処理業者がIOTCと同様にリサイクル製品の開発に取り組む可能性が高い。IOTCの活動は中間処理業者の先駆けといえよう。

終章　北陸に学ぶマーケティング

　本書の意義は，マーケティングの基礎理論と北陸（福井，石川，富山，新潟）の企業のマーケティングに関する事例を比較しながら共に学べるところにある。特に，北陸新幹線が2015年3月に長野-金沢間が開業し，これまであまり目立たなかった北陸地方にも「新幹線」がやってくることで，ようやくメディアなどで取り上げられ，注目されるようになった。それによる北陸地方の産業や観光への効果や影響については，序章の「北陸の産業・観光」で述べられたとおりである。

　また，本書の特徴は，マーケティングに関して理論と事例を交互に掲載し，解説しているところにも表れている。理論の章ではマーケティングの基礎理論特にマーケティング・ミックス（製品・価格・チャネル・コミュニケーション）を分かりやすく解説している。また事例の章では，地域性が似通った北陸地方の企業のマーケティング事例にスポットを当て，理論で学んだ「定石」が実践ではどのように活かされているのかを，理論と事例を関連付け，理論のなかの1要素についてより詳しく事例解説がなされている。

　事例で取り上げられたどの企業も，北陸地方を代表し，北陸の地域資源を活かした特徴的な企業ばかりであり，読者の方々においても，「北陸の企業のマーケティング手法」から多くのことを学ぶことができたのではないだろうか。

　北陸地方は，気候，風土，歴史，文化，産業などにおいて，大変似通った地域性をもち，工業や農業を活かした「ものづくり」を中心とした産業構造にその特徴がある。また，そのような地域性は，「温和で控えめで辛抱強い」といった北陸で暮らす人々の気質にも共通して表れている。

　そのような共通性をもつ北陸地域だからこそ，暮らしのなかに「ものづくり」が活かされ，地域としての発展を遂げてきたのであろう。

また，その共通性は，地域イメージとしても表れている。北陸のイメージといえば，「米・酒・雪」であり，そのイメージから連想する色として，白色を思い浮かべる人が多いことも特徴的である。コシヒカリに代表される米をはじめ，新潟を中心に，北陸地方にはその土地を代表する地酒があり，その米と地酒を美味しく造るための雪解け水があり，その水が育んだ肥沃な大地の恵み（米以外にも野菜や果樹）が豊富である。

　このような米以外の食についても北陸地方は，独特な食文化を形成している。金沢の加賀野菜をはじめとして，新潟の茶豆やル・レクチェ，氷見の寒ブリ，富山の白エビ，福井の越前ガニや若狭ガレイといった畑の幸や海の幸などの食の宝庫でもあり，地元の食材を活かした郷土料理が数多く根付いている。

　特に，福井県小浜市を中心とした若狭地方については，奈良時代の平城京跡から出土した木簡の中に，天皇の御食料である「御贄（みにえ）」を送る際につけた荷札が発見されたり，平安時代に編集された「延喜式」に，御贄を納める国である「御食国（みけつくに）」と記されており，古くから塩や海産物などを御贄として納めるなど歴史的に重要な役割を果たしてきた。さらに，小浜から京都の間には，鯖や海産物を運んだとされる若狭街道，通称鯖街道と呼ばれる道がある。その街道は，約80kmほどあり，一説には，小浜近海で獲れた鯖にひと塩し，その鯖を夜を徹して京都に運び，京都に着いたころには鯖が最も良い味になることから，鯖街道と名づけられたともいわれている。このように，鯖街道は，北陸で獲れた新鮮な海の幸を京都に運び，京都の食文化を支える重要な役割も担っていた[1]。

　また，本書では紹介しきれなかったが，北陸地方は，他にも特徴的な伝統工芸品や日用品などを製造する地場産業も盛んな地域でもある。具体的には，福井県では小浜の若狭塗，鯖江の眼鏡，武生（現 越前市）の越前打刃物，今立（現 越前市）の越前和紙など，石川県では，金沢の加賀友禅，輪島の輪島塗など，富山県では，高岡の高岡銅器，高岡漆器，高岡鉄器，高岡仏壇など，新潟県では，燕の洋食器，小千谷の小千谷縮，五泉のニット製品など枚挙にいとまがな

---

1) 御食国って何？、http://wakasa-obama.jp/About/About-Miketsukuni.php（2016年12月16日アクセス）。

い。このような地場産業を支えているのが，北陸の地域企業であり，地元資本の中小企業が集中的に立地していることが特徴的である。そのため，北陸地方は，中小企業が数多く存在する地域でもあり，社長の数が多い地域としても知られている。

　このように，北陸地方に「ものづくり」に関わる企業が多いことは，その数だけ，「ものづくり」に関する戦略やマーケティングを学ぶ機会の存在があることを意味している。つまり，それが今日の北陸地方の魅力に繋がり，ひいては北陸地方ならではの産業観光へと展開していけるのではないかと考える。

　筆者は，本書を通じて，地方創生が叫ばれる今日において，私たち1人1人が，地域経済の活性化を考えるなかで，福井，石川，富山，新潟といった北陸地方の企業にマーケティングを学ぶことは，その解決策を模索するうえで十分意義があるものと考える。さらに，筆者は，北陸の地域企業のますますの発展を期待するとともに，今後も，北陸の「ものづくり企業」の戦略やマーケティングから多くのことを学び，教育の面から環境変化の激しい現代社会においてしなやかに活躍できる人材を育成していきたい。

執筆者紹介（執筆順。なお＊は編者）

藪下保弘（やぶした やすひろ）：序章執筆
　新潟経営大学観光経営学部教授

秦　小紅（しん しょうこう）：第1章執筆
　明治大学経営学部助手

成田景堯（なりた ひろあき）：第2章執筆
　松山大学経営学部専任講師

松井温文（まつい あつふみ）：第3章執筆
　追手門学院大学経営学部専任講師

伊部泰弘＊（いべ やすひろ）：第4章・終章執筆
　新潟経営大学経営情報学部教授

今光俊介（いまみつ しゅんすけ）：第5章執筆
　鈴鹿大学国際人間科学部教授

魏　鍾振（うい じょんじん）：第6章執筆
　東亜大学人間科学部准教授

奥澤英亮（おくざわ ひであき）：第7章執筆
　明治大学商学部助教

中嶋嘉孝（なかしま よしたか）：第8章執筆
　大阪商業大学総合経営学部准教授

岡田一範（おかだ かずのり）：第9章執筆
　高田短期大学キャリア育成学科助教

水野清文（みずの きよふみ）：第10章執筆
　奈良学園大学ビジネス学部准教授

清水　真（しみず まこと）：第11章執筆
　中部大学経営情報学部教授

編者紹介

伊部泰弘（いべ やすひろ）
　新潟経営大学経営情報学部教授・博士（経営学）
　［専攻］経営学，マーケティング論，ブランド論
　1970 年生まれ
　2006 年龍谷大学大学院経営学研究科経営学専攻博士後期課程修了
　新潟経営大学経営情報学部准教授を経て，2013 年 10 月より現職

北陸に学ぶマーケティング

2017 年 3 月 15 日　第 1 刷発行

編著者：伊部泰弘
発行者：長谷 雅春
発行所：株式会社五絃舎
　　　　〒173-0025　東京都板橋区熊野町 46-7-402
　　　　Tel & Fax：03-3957-5587
　　　　e-mail：h2-c-msa@db3.so-net.ne.jp
組　版：Office Five Strings
印　刷：モリモト印刷
ISBN978-4-86434-064-9